Meus amigos
inteligentes

Marcel Benedeti

MEUS AMIGOS
INTELIGENTES

Mundo Maior
Editora e
Distribuidora
FUNDAÇÃO ESPÍRITA ANDRÉ LUIZ
DESPERTANDO CONHECIMENTO

Meus amigos inteligentes
© 2012 Marcel Benedeti

Mundo Maior Editora
Fundação Espírita André Luiz

Diretoria Editorial: Onofre Astinfero Baptista
Editor: Antonio Ribeiro Guimarães
Assistente Editorial: Marta Moro
Criação de Capa e Diagramação: Helen Winkler
Revisão: Equipe Mundo Maior

Rua Duarte de Azevedo, 728 – Santana
02063-022 São Paulo – SP
Tel.: (11) 4964-4700
e-mail: editorial@feal.com.br

2ª edição – 2019

Dados Internacionais de Catalogação na Publicação (CIP)
(Câmara Brasileira do Livro, SP, Brasil)

Benedeti, Marcel
  Meus amigos inteligentes / Marcel Benedeti. --
São Paulo : Mundo Maior Editora, 2012.

1. Espiritismo 2. Ficção espírita I. Título.

12-08938   CDD-133.93

Índices para catálogo sistemático:
1. Ficção espírita : Espiritismo 133.93

A reprodução parcial ou total desta obra, por qualquer meio, somente será permitida com a autorização por escrito da editora. (Lei n.ª 9.610 de 19.2.1998)

Sumário

Prefácio..7
Animais são somente instintos! Será?......................11
Cãozinho esperto 19
Picassos da Natureza 25
Einsteins dos mares 29
"Noz" amamos você!...33
Betty, um corvo que resolve 37
Não precisa gritar. Não sou surdo!...........................41
Que inconveniência!..45
Mel é um doce...51
Ser "vegan" é "animal"..55
Eu sei o que vocês fizeram! 59

Eu sinto, tu sentes, eles sentem..................69
Com a pulga atrás da orelha 75
Eu conheço um médico muito bom................79
Mãe é mãe!..85
Me dá um "teco"?................................91
Interesses explícitos..............................95
Fazendo o bem sem ver a quem 101
Parecem formigas. Mas são formigas. 105
Amor de mãe cura. 111
Fazendo um trabalho de formiguinha 117
Justiça com as próprias patas 121
Orca. A baleia-assassina?........................129
Eu sou, tu és... eles são!........................135
Ciúmes instintivos................................155
Que aperto!......................................161
Caridade...167
Meu amigo nada como um peixe.
   Aliás, ele é um peixe. 171
O homem de Neandertal nosso de cada dia 175
Viciado em adrenalina............................181
Com uma bola de cristal..........................189
Somos muito parecidos, mas nem tanto! 193

PREFÁCIO

Estamos entrando em uma fase da História da Humanidade na qual os animais começam a conquistar o seu lugar ao sol. Uma fase em que os cavalos não são mais as peças-chave para se conseguir a conquista em uma guerra.

Feliz ou infelizmente eles não são mais importantes nessas conquistas, que são feitas hoje por máquinas de alta tecnologia. Não se usam mais enormes elefantes para intimidar os inimigos. Primeiro porque os elefantes estão em número reduzido e em ritmo de extinção e, segundo, porque as máquinas de guerra são mais eficientes do que os grandes animais de guerras do passado. Assim, por possuírem uma menor importância, no que se refere a guerras, como soldados involuntários; na economia como nos trabalhadores escravos, uma vez que as máquinas os substituem com vantagens, os animais são vistos hoje, felizmente, como companhia e outros ainda, infelizmente, como alimento. No entanto, estão ganhando outro *status*, o de amigos e até mesmo o de membros da família. Segundo pesquisa publicada em uma revista de grande circulação, mais de cinquenta por cento dos donos consideram os animais domésticos como filhos. Há quem se apegue a animais como suínos, bovinos, répteis e outros, que antes eram desprezados pela maioria das pessoas.

Esse comportamento em relação aos animais vem se evidenciando. Junto vem também a preocupação em não causar neles quaisquer tipos de sofrimento. A preocupação em promover o bem-estar animal vem ganhando cada vez mais terreno na Ciência, pois aos poucos os animais de laboratório, por exemplo, estão sendo substituídos por métodos alternativos, apesar de estarmos muito longe do total abandono dessas práticas, que considero abomináveis. Eu prefiro não usar algum medicamento pelo fato de saber que foi testado em animais e muitos morreram para que fosse produzido.

Com essa preocupação, a Ciência vem se interessando pelos animais por outro aspecto pouco conhecido até há algum tempo. Trata-se de estudos recentes sobre aspectos comuns não somente em seres humanos, mas também em animais. A Ciência vem mostrando ao público que os animais possuem inteligências surpreendentes e uma consciência maior do que se supunha. Descobertas recentes demonstram que eles não somente são inteligentes, mas possuem sentimentos, consciência de si e entendimento de sua situação como seres que estão à mercê da bondade ou da maldade dos humanos. Esta obra procura trazer as informações científicas de um modo fácil, alegre e descontraído, mas sem perder a seriedade que o tema exige. Esperamos, pelas informações contidas aqui, conseguir modificar a nossa visão antiga de que os animais são apenas objetos inertes, que nada entendem porque vivem instintivamente. A intenção não é criticar nossos próprios comportamentos, mas tão somente mostrar como agimos semelhantemente aos animais em algumas situações, ou que eles agem de modo semelhante a nós em outras.

Marcel Benedeti
autor

Animais são somente instintos! Será?

O professor se aproximou de minha mesa escolar e depositou o fatídico papel. Meu corpo suava em abundância, denunciando nervosismo e ansiedade. Eu tremia como se estivesse diante de um julgamento, que determinaria os destinos da minha vida. "Podem virar a folha e começar", disse o professor, depois de entregar um papel daqueles para cada aluno da sala. Ao olhar para todos aqueles números e sinais gregos, quase entrei em pânico. Por mais que me esforçasse para entender o que significavam, eu não conseguia, mesmo depois de meses tentando. As questões pareciam ininteligíveis para mim.

Eu tremia como se minha vida dependesse da resolução daquelas questões de matemática. Pelo estado emocional em que me encontrava, parecendo que eu teria uma parada cardíaca, súbita. Deveria era aproveitar aquele papel para deixar o meu testamento em vez de tentar resolver aqueles problemas. Mesmo assim, terminei a prova e entreguei o meu atestado de ignorância e falta de raciocínio matemático. Quase fui reprovado, mas consegui a nota que precisava. Foi por pouco! Custa-me entender como há aqueles que possuem tal raciocínio.

Qual é a raiz cúbica de 1.874.161?

Aposentado do exército alemão no fim do século XIX, o senhor Wilhelm von Osten resolveu retirar-se para sua fazenda no interior de uma pequena cidade alemã, onde criava alguns cavalos. Não era uma grande fazenda, aliás era bem modesta, não havia muitos animais e a extensão também não era de nenhum latifúndio, mas o suficiente para conter os animais que ele tanto adorava. Essa paixão por eles sempre foi uma característica marcante de sua personalidade. Naquela fazenda existiam animais de diversas espécies, mas a sua predileção era por cavalos. A docilidade e amabilidade que demonstravam parecia algo como se percebe em seres humanos. Mostravam-se alegres quando estavam se divertindo ao ar livre, galopando e saltando como crianças soltas no parque. Ficavam tristes quando algum deles adoecia. Pareciam compreender o que acontecia ao companheiro. O militar aposentado percebia estas características neles e isso chamou sua atenção. Em 1890, o senhor Wilhelm von Osten adquiriu um garanhão suíço, que rapidamente passou a ser o centro de suas atenções. O animal, que recebeu o nome de Kluge Hans, começou a mostrar um comportamento que o fazia sobressair-se dos demais equinos da fazenda, pois parecia que Hans era capaz de compreender que o senhor Wilhelm dizia e atendia aos seus desejos como se fosse uma pessoa prestativa, parecendo sentir prazer em fazer o que fazia, como se quisesse agradar e ser simpático.

A vivacidade de Hans era notável ao mais distraído, pois o garanhão suíço não demonstrava qualquer timidez em suas exibições de inteligência.

Rapidamente Wilhelm percebeu que Hans era diferente dos outros cavalos que ele tratava, pois estava sempre alegre, disposto a cavalgadas e não perdia oportunidades de mostrar sua inteligência, superior a dos demais, para as mais diversas tarefas cotidianas. Hans tinha algo que o distinguia dos outros, que Wilhelm classificou como inteligência superior, a qual deveria ser cultivada para estabelecer o seu limite máximo.

Para tanto começou uma série de treinamentos que visava ensiná-lo a indicar no calendário os dias da semana e ensinou-o a reconhecer algumas letras do alfabeto. Rapidamente Hans aprendeu a diferenciar quando era um dia ou outro dia da semana. Em pouco tempo conseguia distinguir todas as letras do alfabeto reconhecendo-as rapidamente sem confundir-se, quando solicitado a indicar esta ou aquela letra. Não foram muitos os dias de treinamento para que se tornasse um conhecedor de todas elas. Ele conseguiu em pouco tempo ordenar as letras de acordo com as palavras que lhe eram pronunciadas, soletrando perfeitamente, indicando letra por letra, sem erros. Tendo aparentemente entendido como formar palavras, restava fazê-lo compreender o significado de cada palavra aprendida. Não demorou muito e Hans parecia compreender o que significavam algumas palavras. Em pouco tempo seu repertório incluía dezenas delas. Wilhelm estava maravilhado com essa capacidade do animal.

Ora, se ele entende o significado, então nada o impediria de efetivar uma comunicação por meio delas. Wilhelm passou a treinar Hans para associar as letras ao modo como batia com o casco no solo. Seria uma espécie de código morse, em que a forma como as batidas ocorriam indicariam uma letra ou uma palavra. Em pouco tempo estavam se comunicando dessa maneira. Hans aprendeu a ler e a falar como uma pessoa. Era algo incrível para um animal que, aos olhos da Ciência, não passava de um ser irracional, incapaz de pensar, raciocinar, ponderar ou formar qualquer elaboração mental que fosse.

Hans continuava a mostrar-se disposto a aprender mais ainda. Para auxiliar von Osten na nova empreitada, nessa didática animal, contou com a ajuda do rico empresário e amigo Karl Krall que, acreditando no sucesso do empreendimento, emprestou recursos para ensinar Hans a aprender Matemática.

Depois de alguns meses, o cavalo era capaz de resolver questões simples como somar, subtrair, dividir e multiplicar.

Era demais. Algo totalmente inusitado. Um animal que conseguia resolver questões matemáticas era surpreendente, não somente para os padrões de entendimento científico da época, mas também para os padrões atuais, pois somente nos últimos anos a Ciência começou a demonstrar interesse por estudar possíveis fenômenos intelectuais relacionados à capacidade de pensar e raciocinar dos animais.

Wilhelm e Krall empenharam-se em ensinar Hans a conhecer mais os números e como usá-los em cálculos. Seguindo o mesmo modelo de batidas de cascos no solo, Hans era capaz de usar a pata esquerda para unidade e a direita para decimal, para "dizer" qualquer número, ou resultado de questões matemáticas entre 0 e 99.

Hans aprendeu a resolver questões cada vez mais complexas, inclusive foi capaz de solucionar cálculos de raiz quadrada.

Logo se tornou famoso como o cavalo que resolvia questões difíceis até mesmo para colegiais, chamando a atenção de autoridades científicas que queriam certificar-se de sua veracidade. Os jornais traziam constantemente notícias do cavalo que pensava. Uma equipe vinda da Universidade de Berlim foi designada para investigar o cavalo que fazia contas. Depois de muitos testes, chegou-se à conclusão de que não havia truques ou embustes. Hans realmente sabia o que fazia, ele realmente entendia o raciocínio matemático. Entretanto, um psicólogo, Oskar Pfungst, levantou a possibilidade de Hans reconhecer o resultado por meio de algum sinal inconsciente emitido por Wilhelm. Essa hipótese foi logo abandonada, pois, mesmo na ausência de von Osten, Hans era capaz de resolver as questões mais intrincadas. Foi uma surpresa para a comunidade científica da época, mas não se provou nada contra a capacidade de Hans nem contra a existência de um psiquismo nele.

Mesmo não havendo provas contrárias, o psicólogo Pfungst insistiu em sua tese, que foi aceita por uma parcela da comunidade científica, apesar de não a provarem. Os jornais publicaram a notícia, falsa, de que Hans era uma fraude. O dr. G. Grabow tentou desfazer o mal-entendido trazendo a público os seus estudos realizados no Conselho Superior de Instrução Pública, dizendo: "A capacidade de raciocínio de Hans está sendo injustamente rotulada de fraudulenta".

Grabow conta que em seus experimentos pediu a Hans que lesse uma questão matemática, na ausência de seu dono, e desse a resposta a uma pessoa que se encontrava em outro lugar. Hans concordou balançando a cabeça:

"Hans, mostra-te-ei uma carta na qual há um cálculo a executar; vai ao senhor que está ali defronte e se lhe deres a resposta certa, terás açúcar. Queres?".

Grabow continua: "Tirei as cartas do meu bolso, misturei de maneira a ignorar a de baixo e mostrando-a a Hans, perguntei-lhe: Compreende? Ele respondeu que sim com a cabeça. Hans bateu com o pé 5 vezes. Qual é o primeiro algarismo? Resposta: 2. Qual o segundo? Resposta: 3. Foi então que olhei a carta que estava embaixo do maço. Com efeito nesta carta estava 2+3 que Hans havia lido, compreendido, calculando corretamente. Tudo isso sem que ninguém o pudesse ajudar e sem ser ajudado mesmo por sugestão inconsciente, no caso impossível".

Ainda assim a opinião pública ficou contra Wilhelm que entrou em depressão profunda, pois passou a ser motivo de chacota de todos, que desacreditaram na capacidade intelectual de Kluge Hans.

Mas nem todos ficaram contra o animal. Ao menos uma pessoa acreditava e, logo depois da morte de Wilhelm, o herdou. Karl Krall continuou a treinar Hans e mais tarde ensinou outros cavalos, dentre os quais um deles que era cego. Krall queria provar que Wilhelm estava certo e que os animais possuem capacidade de nos compreender, além de possuírem uma inteligência maior do que se supunha. O cavalo cego serviria para provar que não havia qualquer fraude por contato visual que determinasse a resposta correta dada pelo animal.

Desde que começou a treinar outros animais, Karl descobriu que a capacidade intelectual não era privilégio de Hans, pois outros cavalos o superaram em raciocínio matemático.

Surgiram os sucessores de Hans: Muhamed e Zariff, que, em pouco tempo, já resolviam questões complexas como raízes quadradas e cúbicas, além de expressões matemáticas de alto grau de dificuldade.

O professor William Mackenzie submeteu Muhamed da Universidade de Bolonha, na Espanha, à seguinte questão: Raiz cúbica de 18.744.161. A resposta foi rápida e correta: 37. E o teste feito pelo professor dr. Hartkopf provou que não havia comunicação telepática tampouco entre Muhamed e Kal ou qualquer outra pessoa.

O ganhador do Prêmio Nobel de Literatura (1911), Maurice Maeterlinck, autor do livro *A vida das abelhas* (1901) também estudou o comportamento destes cavalos inteligentes.

Cãozinho esperto

Desde pequeno eu percebi minha dificuldade com números. Por mais simples que fossem os cálculos eu tremia. Mesmo simples cálculos me aterrorizavam. Alguém já disse que os animais, em algumas situações, são mais inteligentes do que muitos seres humanos. Às vezes, tenho a impressão de que esta pessoa que disse isso me conhecia. Certamente não me conheceu, mas talvez tenha conhecido Rolf.

Responda rápido: Quanto é 16-4 dividido por 7-1? Quanto é 96-10 dividido por 9?

Na cidade de Meinheim, na Alemanha, o dr. Duchâtel, membro da sociedade psíquica de Paris, encontrou um material interessante envolvendo inteligência animal. Assim, ao término de suas pesquisas, escreveu: "A vida e a obra do cão Rolf". Também outro cientista, o dr. William Mackenzie, apresentou um trabalho publicado nos *Annales dês Sciences Psychiques* sobre os feitos inteligentes de um cão chamado Rolf.

Rolf era um cão que demonstrou sinais de uma inteligência incomuns para o que se entendia sobre inteligência animal, pois, assim como os cavalos estudados por cientistas renomados, na cidade de Elberfeld, este cão também era bom em cálculos matemáticos.

O interesse surgiu quando o jornal *Lê Matin* publicou relatos sobre os feitos do cão, da raça airedale de 3 anos de idade, pertencente à senhora Moeckel, que era capaz de fazer cálculos matemáticos com certa facilidade, sem que ninguém o tivesse ensinado. Tudo começou quando o pequeno cão sem dono andava pelas ruas da cidade de Meinheim, perambulando em busca de seu sustento diário. Magro e fraco, andava distraído à procura de algo com que pudesse enganar a fome por mais algum tempo. Sem perceber, acabou sendo atropelado por um automóvel, que passava e não teve tempo de se desviar, antes que o atingisse. Uma bondosa senhora que passava pelo local, a senhora Moeckel, compadeceu-se do animal, sem dono e ferido à beira da via, à espera de auxílio médico, que talvez nunca viesse, se não fosse a boa vontade da boa samaritana, a senhora Moeckel, que tratou dele e o curou. O cão recebeu o nome de Rolf. Algumas vezes o chamavam carinhosamente de Lol. O cão sentiu-se grato pela atitude daquela senhora e depois disso tornou-se o amigo mais fiel que ela poderia ter. Onde estivesse a senhora Moeckel, também estaria o cão fiel, atento a cada movimento dela. Rolf fazia o possível para parecer agradável à sua salvadora. Até mesmo nos momentos em que a senhora Moeckel reservava para ajudar a jovem filha, Frida, nas lições de casa, Rolf também estava junto.

Certo dia, como fazia com frequência, a senhora Moeckel estava mais uma vez com a difícil tarefa de ensinar a filha pequena a resolver questões de matemática, dadas como lição de casa pela professora de sua escola. A mãe estava com dificuldades em resolver as questões propostas à menina e, por mais que insistisse, a pequena não conseguia entender o raciocínio envolvendo a questão. Por mais que se esforçasse, a resposta não lhe vinha à mente. Enquanto isso, Rolf permanecia atento ao lado delas, observando tudo, em silêncio.

A pequena Frida não estava conseguindo entender o raciocínio para resolver uma questão complicada, para o entendimento: qual o resultado de 2 vezes 2.

A senhora Moeckel ficou vários minutos com a filha a fim de fazê-la entender, mas não conseguia que compreendesse o raciocínio. Talvez percebendo que a grande amiga estivesse ficando transtornada com a dificuldade da filha,

Rolf se aproximou das duas e se sentou perto, lançando um olhar meigo. Percebendo que Rolf se aproximou e se sentou próximo, a esta altura, a mãe de Frida, já com pouca paciência, perguntou ao cão: "Que desejas, Rolf? Saber quanto é 2 vezes 2?". Em seguida, ambas sorriram crendo ser impossível que Rolf entendesse o que dizia a senhora e muito menos que soubesse do que se tratavam os cálculos matemáticos, que somente os seres humanos, em tese, poderiam compreender.

Para surpresa de ambas, Rolf levantou-se, aproximou-se do braço da senhora Moeckel e lhe deu quatro leves batidas.

A senhora Moeckel olhou para a filha mais velha e ficaram admiradas com a atitude do cão, que não supunham ser capaz de conhecer o resultado correto. Surgiu a dúvida na mente da senhora? Seria possível Rolf entender o que digo? Será que não foi acaso?

A filha mais velha da senhora sugeriu à mãe que perguntasse ao cão quanto é a soma de cinco mais cinco. Novamente Rolf se aproximou do braço de sua protetora e lhe bateu levemente por dez vezes seguidas antes de se sentar como se estivesse satisfeito com a resposta. A seguir, lhe sugeriram outras questões mais complexas de somas, subtrações e multiplicações e sempre o cão dava as respostas corretas.

Logo lhe ensinaram a relacionar os números, que Rolf parecia entender bem, com as letras do alfabeto. E, assim, ele, usando os números, podia se comunicar de modo inteligível com as pessoas.

Por meio deste alfabeto convencionado ao seu entendimento, Rolf era capaz de "falar". Não demorou e os jornais publicaram matérias sobre as capacidades do cãozinho, que falava e calculava. Isso chamou a atenção de diversos cientistas, e um deles veio em visita, com intenção de estudá-lo. O homem chegou à casa da senhora Moeckel, quando Rolf não estava por perto. Após alguns minutos, estando o senhor acomodado na sala em conversa com a dona da residência, o cão se aproximou com certa cautela. Passou por trás do homem, que lhe era um completo estranho, se aproximou da senhora e tocando-lhe quis saber, usando o método pelo qual foi ensinado a se comunicar: "Quem é este senhor?".

A filha mais velha iria mudar de cidade e mãe e filha somente se veriam a cada ano. Isso entristeceu muito a mãe que já sentia saudade. No dia da despedida, a mãe começou a chorar discretamente, mas Rolf, que também era chamado carinhosamente por Lol, percebeu. Ele se aproximou dela e a tocou, como se quisesse dizer algo. A senhora Moeckel deu-lhe a atenção e ele pôde dizer o que desejava. Foi algo comovente: "Mãe, não chore. Isso faz mal ao Lol".

Certa vez, a senhora Moeckel recebeu uma visita. Rolf, como sempre, procurava não incomodar e se comportava como um cão educado, que permanecia deitado ouvindo a conversa. Em determinado momento, a senhora que estava acompanhada do marido falou o seu nome, o que chamou a atenção de Rolf. O cão, parecendo incomodado para dizer algo, se aproximou da senhora Moeckel e, batendo de leve em suas pernas, usou o alfabeto convencionado e disse: "Ela tem o mesmo nome de nossa gata".

Picassos da Natureza

Não me considero nenhum artista, mas em minha família é possível que exista algum gene que determine certa facilidade em fazer desenhos e pinturas artísticas, coisa que nem todas as pessoas têm habilidade. Mesmo crendo que exista este gene em nosso círculo familiar, nem todos os meus familiares o possuem. Uma de minhas irmãs desenha e pinta muito bem, enquanto a outra não consegue sequer rabiscar figuras infantis. Certa vez, quando éramos crianças, ela tentou desenhar um menino, usando daqueles rabiscos bastante primários, e eu elogiei: "Que bonito foguete você desenhou!". Como diz uma amiga: "Cada um tem o seu dom". Posso dizer que o dom artístico não faz parte dos dons dele. Mas estes dons não são prerrogativas de humanos somente.

Qual é o seu estilo de arte: contemporâneo ou abstrato?

Na revista *Seleções*, de junho de 2007, há um artigo escrito por Michael J. Weiss, intitulado "Animais Einstein". Neste artigo há uma foto de uma cientista ao lado de um macaco-prego, Mr. Bailley, um pequeno símio de apenas um quilo de peso, que se mostra concentrado em seu trabalho artístico. Segundo a cientista Janet Schmid, "ele pinta, sem parar, durante uma hora, e não permite que ninguém o interrompa até baixar o pincel". Schimid conta ainda: "É impressionante observá-lo porque dá para perceber que há um processo de raciocínio por trás do que ele faz".

Em um zoológico da Alemanha, um orangotango que estava passando por uma situação emocional difícil, pois recentemente se tornara viúvo, optou por não ceder à depressão e começou a pintar quadros. Seu estilo de pintura é semelhante à de muitos outros artistas conhecidos: O abstrato. Seus quadros foram expostos e vendidos em média por 10 mil dólares cada.

Um chimpanzé também aderiu à arte e começou a pintar quadros, mas as suas telas conseguiram preços melhores do que as do orangotango alemão, chegando a 30 mil dólares cada.

Einsteins dos mares

Dizem que Deus nos criou à Sua imagem e semelhança e nos colocou neste mundo para que dominássemos todos os seres que se encontram sobre a terra e sob as águas. Creio que entendemos mal o que se lê no Antigo Testamento, pois dominar não significa tornar outros seres nossos escravos nem quer dizer subjugação. Dominar significa agir como um deus, isto é, agir com o máximo de bondade e justiça. Há quem afirme que somos deuses para os animais porque somos superiores a eles em todos os sentidos. Talvez isso seja real, mas ainda nos resta saber que tipo de deuses nós somos. Moloc era também um deus na Antiguidade, mas ficou conhecido por exigir sacrifícios em seu próprio bem. Será que não somos como Moloc para os animais?

Os golfinhos dominando o mundo

Constantine 'Con' Slobodchikoff, professor de Biologia da Universidade do norte do Arizona, EUA, estuda o comportamento de um roedor, considerado como praga por algumas pessoas. Os cães-da-pradaria, roedores comuns no Hemisfério Norte, produzem sons que, de acordo com as observações desse cientista, possuem significados. Eles se repetem de modo inteligente e de acordo com algumas situações. Parece haver uma comunicação entre estes animais de um modo complexo. Slobodchikoff, estudando os sons produzidos por estes animais, chegou à conclusão de que eles os usam para designar objetos, animais, cores etc. como se fosse uma espécie de dialeto, que somente agora está sendo decifrado.

Ao apresentarem objetos desconhecidos a estes animais logo eles criam novos sons para designá-los.

Semelhante ao estudo de Slobodchikoff, outro cientista desenvolve pesquisa com golfinhos. O estudo desenvolvido por Carl Lilly tem mostrado que também os golfinhos e até mesmo as baleias possuem linguagem e se comunicam entre si, inclusive se tratam entre si por nomes próprios.

Carl Lilly publicou seu estudo e declarou que os golfinhos possuem três vezes mais células nervosas, ou neurônios, que os seres humanos e que seus cérebros respondem dezesseis vezes mais rapidamente que o nosso. Seria mais ou menos como se o nosso cérebro fosse um daqueles computadores que surgiram no início da década de 1990, com tela verde e com capacidade máxima para guardar uma pequena agenda de endereços, e o cérebro dos golfinhos seria o equivalente aos mais modernos computadores atuais. Ou então seria como daqueles joguinhos virtuais, que surgiram nos anos 1970, em que uma bolinha virtual deslizava pela tela e o jogador tinha que tentar desviar sua trajetória para ganhar pontos em comparação ao deles, que seriam modernos jogos virtuais que conhecemos hoje em dia. Com base nestas informações, segundo Lilly, há indícios de que os golfinhos sejam mais inteligentes do que humanos. Perguntado por que os golfinhos não dominaram o mundo, sendo eles tão inteligentes, Lilly respondeu que não o fizeram porque são mais inteligente do que nós. Chamados por outros cientistas como os "intelectuais dos mares", os golfinhos, se pudessem conviver conosco e nós os entendêssemos efetivamente, certamente, segundo o biólogo Leo Szilard, facilmente receberiam os prêmios Nobel de Física, Química e Medicina, além do Prêmio Nobel da Paz.

"Noz" amamos você!

Quando eu era criança, minha mãe dizia que comia como um passarinho, isto porque, enquanto me alimentava, derrubava grande parte do que deveria estar em meu prato, em cima da mesa, ao redor. Por fim, mais derrubava para fora do prato do que comia. Houve uma época em que estava muito magro, e minha mãe dizia que parecia um passarinho. Ela nem podia imaginar que eu ficaria este gordinho que sou hoje em dia. Mas algumas coisas não mudam, pois, como todos sabem, nunca fui nenhum gênio na área da Matemática e, ao que tudo indica, nunca serei. Ainda bem que minha mãe não dizia, por isso, que eu tinha cérebro de passarinho!

Cérebro de passarinho?

O jornalista Michael J. Weiss, em uma matéria editada na revista *Seleções*, de julho de 2007, afirmou que a expressão "cérebro de passarinho" já não pode mais ser encarada como um insulto, pois até mesmo as aves dão mostras de inteligência considerável. Alex, um papagaio cinza africano, mostra que entende alguns conceitos abstratos e também o conceito de nada, ou de zero, segundo a pesquisadora Irene Pepperberg, da Universidade de Brandeis, EUA.

Uma pesquisa japonesa mostrou a capacidade de raciocínio dos corvos. Essa ave suscita diversas histórias fantasiosas, mas que não fazem jus à verdadeira imagem deste animal tão inteligente.

Em um povoado japonês, um cinegrafista acompanhou o trabalho de um corvo, na Natureza, sem que alguém interferisse, para quebrar a casca de uma noz. Inicialmente, a pequena ave, pinçando com o bico a noz, bateu diversas vezes contra uma rocha na tentativa de lhe romper a casca. Mesmo sem sucesso, não desistiu. Pegou a noz com o bico e voou o mais alto que podia e a lançou de cima. Provavelmente o impacto romperia a casca dura, mas houve novo fracasso. A casca permanecia firme. A ave não desistiu e estava determinada a se deliciar com o conteúdo que havia por baixo daquela carapaça. O animal voou até uma avenida movimentada e pousou, carregando a noz consigo, sobre um fio de alta tensão, que atravessava, pelo alto, a tal avenida. Se a noz não se quebrou com o impacto em solo terroso, certamente não resistiria ao impacto com o asfalto duro. O peso dos carros faria o serviço que a gravidade não fez. Assim, o pequeno corvo deixou cair entre os veículos que passavam e finalmente a casca se rompeu espalhando-se pela avenida. O trânsito não permitiu que se aproximasse do seu prêmio, que acabou por desperdiçar. Sem desistir, a ave retornou ao local onde havia outras nozes e pegou outra. Retornando à avenida movimentada, a ave pousou novamente sobre o fio de eletricidade e observou algo que talvez não tivesse percebido antes. Os automóveis paravam de tempos em tempos e deixavam livre um espaço, que era a faixa de pedestres. A ave voou novamente e se posicionou sobre um fio que ficava em cima da faixa de pedestres e deixou novamente que a noz caísse. Os pneus dos automóveis arrebentaram facilmente a casca da noz. A ave aguardou o momento certo e, quando o semáforo acendeu a luz vermelha, os automóveis pararam e ela finalmente pôde saborear sua noz.

Betty, um corvo que resolve

Thomas Edson, o inventor da lâmpada elétrica, ficou vários anos tentando fazer com que uma lâmpada se mantivesse acesa por muito tempo a fim de ser usada como objeto de iluminação, como conhecemos hoje em dia. O cientista precisava manter o filamento incandescente brilhando, quando uma corrente elétrica passasse através dele, sem que a lâmpada explodisse novamente. Ele passou meses pesquisando e experimentando vários materiais diferentes, sem sucesso. Mesmo com todo insucesso, ele se mantinha persistente a fim de conseguir o que pretendia. Fortunas eram consumidas nos experimentos mal-sucedidos, pois foram centenas de tentativas frustradas. A expressão "frustração" não fazia parte do vocabulário de Edson, no entanto era bem comum no de seu auxiliar, fiel, mas nem tanto. O jovem estava desanimado com os repetidos fracassos, e ele estava praticamente convencido de que não era possível que um filamento se mantivesse íntegro depois que uma corrente elétrica o atravessasse e que os experimentos eram pura perda de tempo. A possibilidade, segundo seu ponto de vista, de o patrão conseguir encontrar o meio de manter a lâmpada acesa era nulo.

O rapaz, então, sugeriu ao patrão que desistisse da ideia, pois o grande número de fracassos indicava que não havia a possibilidade de o experimento dar certo.

Thomas Edson disse, ao incrédulo auxiliar, que não havia nenhum fracasso em seus experimentos até aquele momento. O jovem não entendeu o ponto de vista do patrão. Edson então continuou: "Eu descobri centenas de meios de como não fazer acender uma lâmpada". Muitas vezes nós aprendemos com os erros.

O que você faria?

No ano de 2002, nos Estados Unidos, o mundo conheceu Betty, um corvo fêmea que foi a primeira ave a construir uma ferramenta diante de testemunhas. Até então se acreditava que, além dos humanos, somente mamíferos superiores, como os chimpanzés, gorilas e orangotangos fossem capazes de construir ferramentas, ainda que rudimentares, que facilitassem algum trabalho.

Em 2002, em um laboratório, viviam dois corvos que eram, na verdade, noivos. Os corvos têm este hábito de somente consolidarem uma relação depois de um ano de noivado. Neste meio tempo a relação entre eles era de pura amizade e companheirismo. Se desse certo o relacionamento, então se tornariam fiéis companheiros, caso contrário, qualquer um dos dois teria pleno direito de abandonar o outro sem constrangimento. Mas, uma vez consolidada a relação, ela se tornaria tão sólida quanto as mais bem-sucedidas uniões matrimoniais entre pessoas. Os corvos, uma vez que se aceitem como companheiros definitivos, permanecem juntos até que a morte os separe.

Betty e seu noivo então participaram de um experimento para verificar que expedientes usariam para resolver um problema. As aves deveriam retirar de dentro de um tubo de vidro uma cesta contendo um pedaço de carne, que os corvos adoram. A abertura do tubo era estreita demais para que pudessem alcançar a carne com o bico e tinha uma base bem larga que lhe dava uma estabilidade, que impedia de tombá-lo, para que o vidro se quebrasse. O macho tentou diversas formas alcançar o objeto de seu desejo, mas não obteve sucesso. Betty apenas observava, como se desejasse verificar todos os meios usados pelo noivo e que não deram certo, para que ela não os repetisse. De fato, ela não tentou os mesmos procedimentos dele, já que sabia que não dariam certo. Betty então voou ao seu esconderijo, uma espécie de ninho e pegou um pedaço de arame. A ave retornou trazendo o arame no bico. Introduziu a ponta em uma perfuração, que existia na base do tubo de vidro, que não existia com algum propósito específico, e torceu o arame para um dos lados. O arame começou a se entortar em uma das extremidades e adquiriu a forma de um grande anzol. Betty introduziu, com todo cuidado, a ponta curvada dentro do tubo de vidro e enganchou o arame em uma haste da cesta em que estava a carne, antes de puxar para fora o seu prêmio, que não dividiu com o noivo.

NÃO PRECISA GRITAR. NÃO SOU SURDO!

Certa vez alguém me deu um cartão contendo alguns sinais, que ensinavam a usar a linguagem de surdos-mudos. Achei interessante, pois seria bom aprender como usar estes símbolos. Nunca se sabe quando será útil. Analisei, estudei e tentei memorizar os sinais. Confesso que tive dificuldades de me lembrar deles e não consegui me fazer entender por alguém que não era surdo-mudo, mas que conhecia a linguagem e estava acostumado a se comunicar com pessoas surdas. Além dos sinais comuns, do alfabeto, há outros gestos manuais, que simbolizam ações e sentimentos. Eu nunca consegui aprender a usá-los. Isso aconteceu há mais de dez anos. Poucos anos depois, em meu consultório, certo dia, entrou um casal de surdos-mudos, que pretendia que eu vacinasse seu cão da raça Pincher anão. Tudo o que conseguiam emitir eram sons guturais que eu absolutamente não entendia. Tentaram usar a linguagem de sinais, mas também não entendi. Eu perguntava e, apesar de me entenderem, por meio da leitura labial, não os entendia.

Queria saber o que havia para examinar no cão, crendo eu, que o casal viesse à clínica para alguma consulta, mas eles não conseguiram me dizer que o cão não estava doente, mas apenas pretendiam vaciná-lo.

Resolvemos que seria mais fácil escreverem. Facilitou para mim, porém, ainda assim, foi difícil a comunicação por escrito. Também era demorada. Se eu soubesse a linguagem dos surdos-mudos seria mais fácil. Achei que deveria ter me esforçado mais para aprender, quando tive oportunidade, pois apesar de tentar aprender, me convenci de que não conseguiria reter na memória o significado de cada sinal. Mas há aqueles que aprenderam facilmente e os usam sem dificuldade.

Você sabe usar a linguagem dos surdos-mudos?

Entretanto, Koko, um gorila macho, os usa com intimidade e aprendeu a usar rapidamente, pois, como dissemos, não adianta apenas ter capacidade de aprender, mas vontade. Koko sentia esta necessidade, pois nos compreendia, mas não se fazia compreender. Era a sua oportunidade de se fazer entender e poder dizer exatamente o que pensar, sem falsas interpretações. Eu não consegui aprender este tipo de comunicação por símbolos, mas isso não significa que não seja inteligente, mas me faltou motivação, o que não ocorreu com Koko, que usa a linguagem dos sinais com destreza. Portanto, além de vontade, ela tem, com certeza, inteligência e discernimento. Recentemente, apresentou-se, ao vivo, pela rede mundial de computadores, na qual ela respondia a perguntas de pessoas do mundo todo. As respostas inteligentes davam a impressão de que era um ser humano que estava falando e não um gorila, tamanha era a desenvoltura de Koko. Quando o filhote de Koko morreu, repentinamente, ela entrou em depressão e pediu para voltar para a floresta onde poderia viver com seus semelhantes. Não podendo mais voltar para a vida na Natureza, Koko entristeceu-se ainda mais. Tornou-se calada. Depois de algum tempo, parecendo mais resignada, Koko pediu que lhe dessem um gato para criar como se fosse seu filhote. Com esta facilidade de comunicação, era possível realizar alguns testes em Koko, como de medição de Quociente de Inteligência. Ao final, segundo o que se lê em um *site* –, não posso afirmar que se trata de uma pesquisa verdadeira, o resultado indicou que o QI de Koko equivale a 90. Neste mesmo *site* há resultados de diversas personalidades conhecidas no mundo do cinema e da política. Para minha surpresa, o QI de um presidente de um país localizado no hemisfério norte é igual a 102. Não somente Koko aprendeu a usar a linguagem de símbolos, mas o orangotando Chantek também sabe empregá-la muito bem. A antropóloga H. Lyn Miles criou Chantek como se fosse uma criança humana, com direito a mesadas para gastar em lanchonetes, quando conseguia manter o seu quarto arrumado; o orangotango usa o banheiro, quando tem necessidade e compreende perfeitamente o que lhe dizem no idioma inglês. Chantek se autodenominou como "Pessoa-orangotango".

Que inconveniência!

A festa estava divertida. Todos os parentes e amigos estavam ali comemorando o quinquagésimo aniversário de casamento do casal, que já idoso ainda jurava amor um ao outro. Ali estavam diversos parentes que não se viam havia muito tempo, mas estavam tendo a oportunidade de se rever e trocar recordações alegres.

Os presentes cantavam e falavam alto, como é comum em qualquer família descendente de italianos, quando ouviram um toque de buzina do lado de fora da casa. Era uma sobrinha, que não aparecia em visita havia mais de dez anos, época em que se casou com uma pessoa totalmente fora dos padrões dos demais familiares. O marido era um homem grosseiro e inconveniente, que fazia piadas sobre as características físicas dos parentes da esposa e também dos defeitos alheios. O marido daquela sobrinha não primava, realmente, pela discrição e a boa educação não era seu forte.

Os parentes se olhavam entre si, como se perguntassem quando aquele rapaz inconveniente iria parar de humilhar as pessoas que nem sequer conhecia.

Em determinado momento, todos estavam constrangidos pelas atitudes daquele que não era parente direto dos aniversariantes e procuravam se afastar dele. Depois de ter incomodado praticamente a todos os presentes, o homem resolveu sentar-se ao lado de um casal que passou a ser sua vítima. Aos poucos era possível ver os convidados fazendo sinais discretos, dando a entender que era melhor irem embora a aguentar a presença de um verdadeiro intrometido. Aos poucos, a festa foi esvaziando.

Tem gente que parece não perceber quando está incomodando os outros.

Não é fácil ser famoso

Os bonobos, ou chimpanzés anões, são conhecidos por sua paciência e capacidade de resolver seus problemas sem violência e sem enfrentamentos corporais. São animais muito dóceis e sociáveis, que preferem a discrição aos espalhafatos. Certamente os bonobos nunca receberam orientações morais, mas deveriam servir de exemplo de tolerância a muitas pessoas que não sabem ou não conseguem ser tolerantes.

Um grupo de cientistas, que estava interessado em aproveitar a capacidade de relativa inteligência destes animais lhes ensinou a usar a linguagem dos surdos-mudos, com as mãos. Depois de um longo período de treinamento, uma das fêmeas que foi treinada aprendeu a usar este código de sinais, a linguagem americana de sinais para surdos-mudos, e passou a se comunicar com os cientistas com facilidade. Havia uma boa sintonia de ideias e estavam em entendimento mútuo. Tudo o que a fêmea dizia era bem entendido pela equipe que percebeu a facilidade com que ela se comunicava.

Depois de algum tempo, os cientistas perceberam que ela usava, também, a linguagem de sinais para se comunicar com um de seus filhotes. Ela o estava ensinando a usar este novo meio de se comunicarem. Em pouco tempo era possível vê-los conversando com as mãos como se fossem pessoas surdas-mudas. Interessante notar que havia um diálogo. Mais interessante ainda foi notar que dois dos filhotes passaram a se comunicar na mesma linguagem, sendo que a mãe ensinou apenas um deles. O outro aprendeu com o irmão, que o ensinou a usar a linguagem de sinais. Logo, todos os bonobos que tinham contato entre si aprenderam a usar este código de comunicação. Ninguém pode negar a inteligência destes animais, que são capazes de transmitir o que aprendem aos seus próximos. Nota-se assim que estes animais, assim como outros, já estudados pela Ciência, são capazes de transmitir cultura aos seus descendentes. É provável que os descendentes destes animais, se houve algum, aprenderam a se comunicar nesta linguagem também.

O feito de animais se comunicarem na linguagem dos surdos-mudos era um fato assombroso para os padrões da época, em que ainda se consideravam que os animais eram meros objetos. Naquela época, nos anos 1960, estes cientistas e estes animais foram os pioneiros na utilização deste método americano de comunicação com as mãos. Isto chamou a atenção da imprensa, que os visitava com muita frequência, tornando suas rotinas atribuladas desde então pela presença de estranhos.

Quase todos os dias os anmais se viam diante de dezenas de pessoas que falavam alto e descarregavam as luzes fortes das máquinas fotográficas sobre eles, que nada podiam fazer, exceto aceitar a nova condição de celebridades assediadas por admiradores.

Numa ocasião, um grande grupo de jornalistas fotografava e fazia alvoroço próximo à jaula onde estavam os animais que pareciam incomodados com tantas pessoas invadindo suas intimidades cotidianas. Havia tanta gente ao redor, que mal se podia ver os macacos por detrás deles. A certa altura, um dos macacos jovens tocou no ombro do irmão, exibindo fácies enfadonhas, disse, usando a nova linguagem aprendida: "Venha!

Vamos sair daqui". Em seguida, o macaco olhou para as pessoas, deu um suspiro e, pegando a mão do irmão mais novo, se afastou dali para se esconderem em outra jaula mais protegida do assédio.

Mel é um doce

Certa vez eu precisei telefonar para uma cliente minha a fim de obter mais informações que faltaram ao preencher a ficha de cadastro de clientes da clínica veterinária. O problema era que ela tinha um pai muito mal-humorado, que, para minha falta de sorte, atendeu o telefone. Digitei o número e esperei alguns segundos, enquanto chamava. Logo alguém atendeu; era o pai da moça. "Alô! A dona Cibele está?", perguntei. A pessoa que atendeu foi curta e grossa e respondeu com um sonoro NÃO, antes de bater o telefone. Tem gente que é assim mesmo, mas há os que são mais sociáveis, não perdem a oportunidade de se relacionar com outros e aprender sempre algo mais.

Você é sociável?

Minha filha, aproveitando um dia de folga no trabalho, resolveu visitar uma amiga, sem avisar que se dirigia à sua residência. Sem saber que alguém a iria visitar naquele horário, a amiga estava no banho e certamente não ouviria quando alguém tocasse a campainha. No entanto, havia alguém atento a chegadas de pessoas à casa. Era Mel, a cadelinha de olhos meigos abandonada na rua e encontrada por Juliana, a amiga de minha filha, em estado de miséria. Suas costelas salientes mostravam que ela estava há muito tempo sem se alimentar. Sendo enjeitada por todos, menos por Juliana, a cadelinha lhe devota grande carinho e atenção, como se sentisse que havia alguma dívida de agradecimento por ter-lhe tirado, talvez, da morte por inanição. A vivacidade e inteligência desta cachorrinha saltam aos olhos. Naquele dia, então, minha filha dirigiu-se à casa da amiga e, depois de estacionar o seu automóvel, se aproximou da porta de entrada e tocou a campainha. Juliana não veio atender, mas Mel, reconhecendo minha filha, abanou o rabinho em sinal de cumprimento. Era como se dissesse: "Olá! Estou feliz por sua visita". Mel colocou a sua pequena cabeça através da grade da porta metálica, na qual havia uma abertura feita especialmente para que pudesse olhar para fora. Como não houve resposta, minha filha tocou novamente a campainha. Desta vez, Mel começou a latir alto e correu escada acima como se dissesse: "Espere um pouco". Eu vou avisar a Juliana que você está aqui". Mel correu e começou a latir como se estivesse avisando sua dona que havia visitas, mas Juliana ainda não a ouviu. Mel, parecendo preocupada, olhou para baixo para se certificar de que minha filha ainda esperava. O som da água que rolava do chuveiro dificultou ouvir tanto a campainha quanto os latidos de Mel. O silêncio dentro de casa deu a impressão de que Juliana provavelmente não estava. Seria melhor voltar outra hora, pensou a minha filha. Mel percebeu quando a visita se afastou da porta e entrou no seu carro. Com expressão preocupada, Mel colocou novamente a cabeça para fora da porta e latiu como se estivesse insistindo para que minha filha não fosse embora. Então ela parou o automóvel e voltou à porta. Parecia que a cadelinha dizia: "Espere. Não se vá. Ela já vem atender". Desta vez, Mel correu novamente escada acima e latiu com mais insistência, mas Juliana ainda não respondeu aos seus chamados. Para que minha filha não ficasse sem companhia, Mel desceu as escadas latindo como se dissesse: "Espere um pouco mais". Minha filha, parecendo entender o que o animal dizia, ficou ali aguardando pela amiga, que se demorava no banho. Enquanto isso Mel fazia de suas gracinhas para entreter minha filha. Percebendo a intenção de Mel, minha filha ordenou a ela: "Pegue a bolinha". Mel subiu como um rojão e lhe trouxe um brinquedo de borracha e não a bolinha. Minha filha, vendo o brinquedo e não a bolinha, pediu, novamente a ela: "Não, o brinquedo, não. Traga a bolinha". Mel abocanhou o brinquedo, como se compreendesse perfeitamente o que lhe era dito e correu para cima como se a escada lhe fosse plana e em seguida voltou com a tal bolinha. Colocando a cabeça para fora, arremessou-a para minha filha. As duas ficaram brincando por alguns minutos, até que Mel pareceu séria, por uns segundos. Ela ouviu Juliana saindo do banheiro e começou a latir olhando para cima. Parecia que dizia: "Juliana, temos visita. Venha abrir a porta". Não contente com isso, a cachorrinha correu novamente para cima e latiu para reforçar o aviso. Somente, então, Juliana percebeu que havia alguém esperando por ela.

Ser "vegan" é "animal"

O homem, que ficou conhecido como o "maníaco do parque", de algum modo conseguia atrair as mulheres, e eram sempre mulheres indefesas que ele agredia. Ele as levava a um local ermo, no interior de um parque cercado de árvores e longe do movimento de uma avenida, que passava a menos de cem metros dali. Ali o homem imobilizava a sua vítima, ameaçando-a com uma faca e, depois de abusar dela, a estrangulava, a matava e a enterrava ali mesmo. Recentemente, enquanto eu assistia ao jornal televisivo, o repórter relatou uma notícia ainda mais chocante. Falavam de um homem que matou o seu companheiro de quarto, o esquartejou e o comia aos poucos, como costumamos fazer com os bovinos, suínos e aves, que são diariamente mortos para nos servir de alimento. Outro homem, que surgiu nos noticiários, também atraía as vítimas, muitas delas eram apenas crianças, para dentro de sua casa e as matava. Depois disso, ele as comia. A polícia encontrou em seu refrigerador diversas partes amputadas das vítimas para serem posteriormente consumidas. Ainda dizem que os seres "humanos são racionais" e os "animais são somente instintos". Imaginou como seria se os seres humanos não fossem racionais?

Há animais que vêm para bem!

Aquela serpente estava enfraquecendo cada dia mais. O alimento servido a ela não era consumido por mais que os tratadores daquele zoológico insistissem. Passaram a servir-lhe animais vivos, como pequenos roedores, mas ela não se interessava. Os veterinários a examinaram e nada encontraram de anormal naquele animal que definhava a cada dia. Apática e fraca, preferia deitar-se e descansar a se alimentar. Parecia que aquela cobra simplesmente se recusava a se alimentar deliberadamente. Ora, se uma serpente, que é carnívora, não deseja se alimentar de carne, talvez não goste de carne. Mas convinha continuar a estimulá-la a se alimentar do modo como fazem as outras serpentes. Invariavelmente os pequenos roedores eram colocados em sua jaula de vidro, mas ela os ignorava para alívio deles, que não desejavam ser alimento de nenhum animal. Mas infelizmente para os roedores, que não eram comidos por ela, outras serpentes não se incomodavam em se alimentar deles. Ao contrário, eram eles os pratos principais delas, que matam suas vítimas, usando sua peçonha, inoculando-as com seus dentes pontiagudos. Por fim, em mais uma tentativa de forçá-la a comer, colocaram outro rato dentro de sua jaula. Para surpresa dos tratadores, não somente a serpente não se alimentou do animal, mas o adotou como companheiro inseparável. Os dois dormiam juntos e brincavam juntos. Parece que a serpente aprendeu um modo de se alimentar diferente. Perceberam que ela tinha preferência alimentar vegetariana.

Sem dúvida, esta é uma serpente diferenciada das demais de sua espécie. É provável que seja a única serpente que tenha, em seu círculo de amizades, um rato.

Eu sei o que vocês fizeram!

O homem de corpo todo tatuado vinha pela praia de mãos dadas com sua namorada, uma moça de seus 20 anos, usando trajes mínimos, que fazia questão de deixar à mostra boa parte de seu corpo, considerado popularmente como "sarado". O homem, musculoso, trazia na face um olhar instintivo ameaçador, que dizia: "Esta mulher é minha. Afastem-se de minha presa". No entanto, o corpo "sarado" da moça chamava a atenção dos rapazes, que não perdiam a oportunidade de arriscar uma olhada mais intensa, direcionada às pernas bronzeadas da moça, para desconforto do namorado.

O acompanhante da moça parecia incomodado com tantos olhares e, apesar dos músculos salientes e até certo ponto ameaçadores, os jovens não se intimidavam, quando estavam em grupos numerosos. Em um determinado ponto da praia, o homem, que mantinha o olhar vigilante ao redor, se sentiu provocado quando ouviu alguém, igualmente musculoso e exageradamente tatuado, fazer um comentário malicioso sobre a moça. Os dois se olharam com olhares de "machos alfas" em disputa pela fêmea da espécie e, sem mais delongas, se atracaram, trocando chutes, socos e pontapés. Foi uma cena chocante para os adeptos da paz, mas isso faz parte da nossa natureza animal.

Esta é a minha noiva!

Os corvos não se acasalam sem antes passarem por um período de noivado. Eles convivem entre si por um certo tempo para somente depois de um ou dois anos de convívio se acasalarem e, juntos, criarem seus filhotes. Nunca mais se separam. São fiéis para sempre. No entanto, no período de noivado, algumas vezes acontece de um ou de outro dar uma espiada no namorado ou na namorada do vizinho. É como dizem: "Sou noivo, mas não estou morto!". Os corvos, enquanto não se comprometam, talvez tenham este tipo de pensamentos, também, pois o autor do livro *A vida inteligente dos animais*, Vitus Dröscher, cita um casal de corvos que convivia muito bem, aprendendo a se conhecer entre si. A namorada era muito ativa e não parava quieta por um instante. O noivo era mais caseiro e se preocupava muito com a manutenção do lar, por isso frequentemente ele se ausentava à procura de alimentos e conforto para a noiva, trazendo pequenos objetos para presenteá-la.

É comum que os noivos troquem de parceiros com frequência até se acertarem com o parceiro ideal.

Um dia, o corvo macho saiu em busca de apetrechos necessários à construção de um ninho bom o suficiente para que a namorada o aceitasse em definitivo. Ao retornar, encontrou outro macho, coçando as costas da noiva. Ele não gostou nada, mas, de acordo com os costumes dos corvos, este comportamento é tolerável, pois ainda não há um compromisso acertado e definitivo entre ele e sua noiva. O jeito era aceitar, ao menos por enquanto, aquele inconveniente por perto.

Mesmo assim o namorado se aproximou da noiva como se dissesse ao rival: "Já chega!".

O jovem pretendente da mesma fêmea não se afastou muito e começou a mostrar seus dotes físicos e suas habilidades, saltando de galho em galho e voando voos rasantes e perigosos próximos ao chão.

Certa vez, o jovem corvo veio até o concorrente pela fêmea pretendida e lhe entregou uma minhoca.

Parecia que o jovem estava querendo fazer as pazes com o rival, dando-lhe um presente para talvez demonstrar que se deu por vencido. Mas quando o outro pegou a minhoca, ele a arrancou do seu bico e fugiu, deixando o outro ainda mais nervoso. Começou uma perseguição aérea. No entanto, dificilmente estas aves entram em confrontos diretos e agressivos. Eles costumam resolver em competições de demonstração de habilidades. A juíza é a fêmea.

Um parente nosso foi convocado a lutar na Segunda Guerra Mundial contra os italianos na batalha de Monte Castelo. O pobre homem foi obrigado a combater mesmo contra a vontade. Ele não chegou a pegar em armas, mas sofreu muito ao ver os companheiros sendo mortos e civis sendo mortos sob o poder das bombas que caíram em um vilarejo. Ele presenciou a morte de muitas pessoas e, depois daquele dia, qualquer ruído mais alto causava-lhe reações exacerbadas em seu comportamento, que se tornaram neuróticas. Felizmente a guerra acabou e ele pôde voltar para casa. O Brasil é um país que se caracteriza por nosso caráter pacifista, mas, mesmo sabendo disso, este parente nosso, hoje falecido, sempre que ouvia ruído de aviões, ele saltava para debaixo de algum móvel como se estivesse tentando se proteger de um ataque aéreo imaginário. Depois de horas ele saía do esconderijo, ainda temeroso por um novo ataque.

Qualquer som de porta batendo ou de fogos de artifício era suficiente para que ele se atirasse sob os móveis aos gritos de horror. Para ele, o ataque aéreo era real. Ele manteve este comportamento neurótico até morrer, em situação consternadora.

Racionais ou irracionais?

Uns dizem que os animais não racionam, não pensam, não entendem o que acontece ao seu redor e nem sequer sentem dor. Essa foi a tese deixada por um filósofo do século XVII, René Descartes, que dizia que animais são máquinas vivas, que não sentem e não pensam, apenas existem como objetos criados pela Natureza para uso dos seres humanos. Obviamente esta tese não se sustenta atualmente, mas mesmo assim há algumas pessoas que insistem nisso, crendo que animais sejam realmente desprovidos totalmente de inteligência.

Um cientista queria provar essa tese e escolheu em uma fazenda um pequeno bezerro de poucos meses de idade e de uma raça destinada à produção de carne. De tempos em tempos, caminhões carregados com dezenas de bovinos saíam daquela fazenda, levando animais para o abate nos diversos abatedouros da cidade. Desde que nasceu, aquele bezerro já presenciou muitos caminhões carregados se afastando dos limites da fazenda, levando consigo muitos dos companheiros de pasto. Um dia, o cientista selecionou este bezerro para que o acompanhasse a uma visita, que certamente não seria nada agradável ao bezerro: ele o levaria a cinco dos matadouros. Sua intenção era que o pequeno bovino presenciasse a matança de outros bovinos.

Aterrorizado, o pequeno foi obrigado a assistir à matança. O bezerro acompanhou todo o processo de matança dos animais desde a chegada até o esquartejamento em pequenos pedaços. Seria uma experiência terrível e traumatizante para qualquer pessoa que visse seus amigos e parentes sendo mortos e despedaçados, sendo decapitados e degolados diante de seus olhos. Qualquer pessoa, que passasse por experiência semelhante, com certeza teria problemas emocionais graves para sempre. Talvez tivesse que viver sob a ação de medicamentos psicotrópicos fortes e, ainda assim, provavelmente não se recuperaria do trauma emocional. Isso porque temos consciência do que seja a vida e a morte. Mas, sendo um bezerro, um animal sem consciência, segundo muitas pessoas, nenhum trauma e nenhuma lembrança permaneceriam, pois nem sequer entenderiam o que é a morte, a dor e o sofrimento. Em tese, para o bezerro, assistir à matança de seus parentes não deveria ser nada terrível nem traumatizante, pois não deveria sequer perceber o que estava acontecendo. Sendo assim, o bezerro continuaria levando uma vida tranquila, ruminado o pasto que tinha à vontade na fazenda. Contudo, depois da visita, o bezerro não mostrava comportamento totalmente saudável, pois se tornara assustadiço, embora convivesse bem com os outros bovinos. Dois anos se passaram desde que o bezerro presenciara a matança dos parentes em cinco matadouros diferentes. Tudo parecia normal em seu comportamento. Aparentemente nada indicava que fosse algum animal que se diferenciasse de outro bovino daquela fazenda. O experimento, apesar do tempo transcorrido, ainda não acabara. O cientista ainda verificava se havia quaisquer lembranças do episódio ocorrido nas dependências dos matadouros. Ora, se os animais não têm consciência e não sabem distinguir o que seja a vida ou a morte, então, nada abalaria o comportamento pacífico daquele animal que já era um touro de grande porte, musculoso e forte. Talvez se o levasse novamente para uma visita aos matadouros, não se abalasse, também quando adulto, pois muitos bovinos parecem resignados diante da morte nestas condições. A impressão que se tem é de que realmente não sabem distinguir que a morte os aguarda há poucos minutos. Entretanto, como dissemos, a experiência ainda não acabara. O cientista, em um certo dia, trouxe algumas pessoas para visitarem a fazenda. O grupo andava pelo pasto enquanto o cientista observava o comportamento dos bovinos que estavam aparentemente não se incomodando diante da presença delas, que andavam tranquilamente entre eles. O grupo caminhou por uma grande área do pasto e os bovinos não pareceram inquietos ou incomodados com a visita, com exceção de que quando viu o grupo se aproximando, pareceu estar diante de algo que representasse perigo. Seus olhos esbugalhados pelo terror não deixavam dúvidas de que o medo era o que movia aquela atitude defensiva do animal. O touro avançou sobre o grupo como se pudesse afugentá-los, mas, em seguida, correu em sentido contrário, saltou sobre as cercas de arame farpado e arrebentou outras cercas que encontrou pelo caminho. Sem dúvida alguma, o bovino deve ter se sentido ameaçado e, a julgar pela atitude defensiva, deve ter sido algo aterrorizante para ele. O grupo então foi embora, depois que o bovino desapareceu em meio à estrada de terra batida, deixando atrás de si uma nuvem de poeira, levantada durante sua corrida.

Dois dias se passaram e, como tudo fazia parte de uma experiência, o bovino foi acompanhado por satélite, por um *microchip*, que enviava sinais ao computador, dando sua posição. Dois dias depois deste episódio traumatizante ao animal, foram buscá-lo. O touro estava a 190 quilômetros de distância da fazenda e sua saúde debilitada por uma desidratação intensa na qual perdera 56 quilos.

O touro foi resgatado e tratado. Curou-se da desidratação, mas provavelmente nunca conseguirá se recuperar do trauma de ter assistido à matança de seus parentes nos matadouros de onde partiram os visitantes, que o amedrontaram tanto.

Eu sinto, Tu sentes, Eles sentem

Eu estava sentindo enorme saudade de meus familiares, pois já fazia mais de duas semanas que eu não voltava para casa. Aquele era um daqueles meses em que se acumulam várias provas, de diversas matérias, deixando pouco tempo para revisar tudo e estudar. O melhor seria adiar, por mais alguns dias, o retorno para minha cidade e me concentrar nas provas. Para quem já estava afastado de casa há duas semanas, não faria tanta diferença ficar mais um tempo, por isso aquele seria mais fim de semana que eu deveria ficar solitário, na república, para estudar. Eu não deveria voltar, pois logo na segunda-feira teria uma prova importante na faculdade e era necessário que eu me concentrasse a fim de me sair bem naquele difícil teste de fisiologia. Ficaria, então, três semanas sem rever meus familiares.

Mesmo estando distante de casa, acabei, sem saber, sendo pivô de uma desavença. Eu deveria ter algum sósia meu, que andou por minha rua, pois, em um daqueles dias de minha ausência, um vizinho veio à casa de meus pais dizendo que eu, depois de bater em seu automóvel, de modo imprudente, ainda o havia ofendido com gestos obscenos e palavras grosseiras. Meu pai tentou argumentar que eu nem estava em casa e que me encontrava na faculdade, há mais de duzentos quilômetros de distância dali. O vizinho não acreditou nas explicações de meu pai, achando que ele me escondia, em casa, me isentando das responsabilidades. O homem por fim ofendeu o meu pai, que, como todo bom descendente de italiano, não leva desaforo, logo comprou uma briga que nem era dele e – diga-se de passagem –, também não era minha. Na verdade, não tenho ideia de quem era a briga. O fato é que logo os dois estavam em discussão acirrada, ameaçando-se mutuamente. Os ânimos somente foram acalmados depois que as respectivas esposas intervieram na discussão. Não fosse por elas, creio que esta história não iria terminar bem. Depois de algum tempo, desfeito o mal-entendido, os dois vizinhos passaram a ser bons amigos.

Ofendeu a quem amo, ofendeu a mim!

Dona Maria morava em uma rua sossegada em um bairro de classe média na periferia da cidade de São Paulo com sua família e seu cão Jeip, mestiço da raça Fila Brasileiro. Jeip, apesar de ser descendente de uma raça de cães que possuem a fama de agressivos, ele não fazia jus aos seus antecessores, pois era de uma incrível docilidade. A expressão de seu rosto não despertava, apesar de seu porte, qualquer temor nas pessoas, que dele se aproximavam. Ao contrário disso, as pessoas se sentiam compelidas a acariciá-lo. Ele sempre retribuía os carinhos, com suas molhadas e quentes lambidas. Quem o conhecia sabia que ele sempre foi muito dócil e sociável. Sempre que alguém estava por perto, quando o visse, não poderia resistir ao seu olhar de menino carente e logo o acariciava. Um carinho é sempre bom e Jeip também concordava com isso. Ele já estava completando seus 12 anos de idade, o que era algo surpreendente para um cão de seu porte, pois em geral um cão adulto, descendente da raça Fila Brasileiro, vive em média ao redor de dez anos. Viver mais do que isso é realmente uma exceção. Jeip não era nenhum jovem, mas sua vivacidade não deixava evidenciar nenhum sinal de senilidade, exceto por alguns pelos que se tornavam encanecidos ao redor dos lábios e uma pequena mancha intraocular, em consequência da catarata, que já se instalava. Creio que sua personalidade pacífica, de algum modo, lhe preservava a saúde. Certo dia, dona Maria vinha pelo estacionamento do supermercado, empurrando um daqueles carinhos de compras, indo em direção ao seu automóvel. Enquanto ela se preparava para abrir o porta-malas de seu veículo para guardar os produtos que adquiriu, notou que alguém tentava manobrar outro automóvel. O motorista não parecia ser muito hábil e, com grande dificuldade, tentava estacionar entre dois outros. Ele tentava e tentava, mas o automóvel não ficava na posição correta. Enquanto isso, dona Maria continuava a guardar suas compras em seu automóvel que estava na vaga bem à frente deste que tentava manobrar o outro veículo. O homem por um instante quase perdeu o controle de seu automóvel e acelerou, involuntariamente, de forma brusca em direção a ela. Foi um grande susto. No entanto, o homem nem sequer se desculpou e continuou a manobrar. Finalmente conseguiu deixar o automóvel na posição correta. Ao passar ao lado de dona Maria, esta o reconheceu como seu vizinho e, para mostrar que não se sentiu ofendida e que era uma vizinha que gosta de manter a política de boa vizinhança, fez uma brincadeira de que se arrepende até hoje. Ela disse, sorrindo em tom de brincadeira. "Eu sei onde você mora! Se me atropelasse eu iria à polícia". Foi o que bastou. O vizinho não poupou palavras de desagravo e a ofendeu com todas as palavras que conhecia. Dona Maria não sabia o que fazer e, antes que as coisas piorassem, ela entrou em seu automóvel e saiu rapidamente dali.

Depois daquele dia, o tal vizinho não lhe dava sossego, pois não perdia oportunidade de falar-lhe algum impropério.

Passados alguns dias o filho mais novo de dona Maria saiu com Jeip para passear e passaram diante da casa do vizinho mal-humorado, que estava do lado de fora, fazendo reparos no portão. Jeip, como amigo de todos, logo se aproximou para pedir carinho, como faz com todos que encontra na rua. Todos eram potenciais amigos de Jeip. O homem, que também gostava de cães, o acariciou e recebeu uma generosa lambida na mão. Aparentemente nada havia entre o vizinho e o cão. A rusga era com dona Maria.

No dia seguinte, no horário habitual do passeio de Jeip era dona Maria quem iria levá-lo a caminhar. Quando abriu o portão, a senhora viu o tal vizinho mal-encarado, que lavava o automóvel, como fazia algumas vezes. Dona Maria parou por um instante e cochichou ao cão, que estava ansioso por passear com sua dona: "Está vendo aquele homem, que está lavando o seu automóvel?". Jeip olhou para o outro lado da rua, como se entendesse o que ela dizia. Então continuou: "Ele é um chato!". Jeip olhou fixamente para ele e dona Maria percebeu que os pelos ao longo do dorso do animal se eriçaram. Ela continuou dizendo: "Eu não gosto dele!". Jeip arrepiou todos os pelos do dorso, de modo pouco comum a ele que sempre se mostrou pacífico e rosnou mais alto, mostrando os dentes. Dona Maria percebeu o comportamento do animal, mas não supunha que ele pudesse entendê-la tão perfeitamente. Ela disse ainda: "Ele me xingou. Ele me ofendeu". Então Jeip, parecendo fora de si, deu um salto e correu em direção ao vizinho, mostrando um olhar feroz, irreconhecível. Mas dona Maria teve tempo de segurar firme a guia e conseguiu controlá-lo em tempo de evitar que ele escapasse de suas mãos, e, talvez, ferisse o homem, que ela achava, que até merecia levar umas mordidas do Jeip. A mulher segurou firme a guia e conteve o cão que parecia transtornado. Então disse, tentando fazer com que ele se acalmasse: "Não! É brincadeira!". Imediatamente o cão, parecendo compreender perfeitamente o que a senhora dizia, retornou à expressão de cão dócil. Mesmo assim ele olhou, com certo desprezo para o homem, que continuava a lavar o seu automóvel, distraidamente, e soprou pelas narinas, como quem dissesse: "Não se meta comigo e nem com minha dona, hein?!".

COM A PULGA ATRÁS DA ORELHA

O filho de um amigo meu tem hoje 16 anos de idade. Ele é um adolescente como qualquer outro, mas desde jovem é muito ligado a tudo que se refere à higiene. Ele não suportaria ter que ficar um só dia sem tomar banho ou ficar com a mesma roupa durante o dia todo. Ele cuida de sua higiene pessoal com extremo zelo. Dois banhos por dia são o mínimo, segundo ele, para uma higiene adequada. Unhas perfeitamente aparadas, cabelos bem cortados; os dentes devem ser escovados várias vezes ao dia para uma boa higiene bucal. Estes são procedimentos básicos que ele não abre mão em nenhuma hipótese. Se alguém, mesmo que por brincadeira, disser que ele está com odor de transpiração, ou que está com mau hálito, ele se ofende, mas procura rapidamente contornar a situação com mais banhos, mais escovações de dentes e novas trocas de roupas, mesmo que souber que era somente uma brincadeira. Enquanto outras pessoas se sentem ofendidas com isso.

Alguns ficam "de mal".

Titi é uma cadelinha da raça Yorkshire de uma amiga. Sua maior diversão é ir ao Pet Shop uma vez por semana para tomar banho e ficar cheirosa para sua dona que invariavelmente a elogia, por sua beleza, que se acentua após sua higienização semanal. Quando Titi volta para casa, depois de sua sessão de banhos e aplicações de substâncias antiparasitárias, fica feliz como se fosse alguém que se prepara para um concurso de beleza. Pudera! Todos querem abraçá-la, acariciá-la, beijá-la. Todas as suas carências emocionais desaparecem com um banho semanal, como estes que ela adora tanto. Depois do banho, gosta de exibir os enfeites coloridos, como fitas e outros adornos femininos, que ela não dispensa. Quando Titi chega em casa, começa a desfilar como se fosse um modelo canino mostrando os pelos reluzentes e os adornos coloridos.

Quando a família recebe alguma visita, logo Titi se aproxima e procura tocar com suas pequenas patas a perna da visita, pedindo que a acarinhe e sinta como possui os pelos mais macios, que um cão pode ter e também para que notem que não possui nenhuma pulga.

Certa vez a visita, que não conhecia ainda a cadelinha de pelos longos, e acinzentados comentou: "Ela é bastante carinhosa!". Sua dona falou em seguida, explicando que ela agia assim porque era muito vaidosa e queria receber elogios, mas detestava quando alguém dizia que era feia ou que estivesse cheirando mal ou, ainda, que tivesse alguma pulga. A visita achou engraçado que um cão tivesse um senso crítico tão aguçado e sorriu, incrédula.

Titi parecia não prestar atenção à conversa, enquanto era acariciada pela visita. Estava alheia a tudo ao seu redor, hipnotizada pelos toques carinhosos em seu dorso.

Para provar o que dizia, sua dona chamou a cadelinha e a pegou nos braços. A mulher começou a revirar os pelos do dorso da cadelinha, simulando uma busca a alguma pulga. Titi permanecia nos braços de sua dona orgulhosamente mostrando que não possuía nenhum parasita.

Somente para mostrar como reagia mal a críticas, a mulher falou, por brincadeira: "Que é isso? Uma pulga!".

Titi olhou para a dona com olhar triste e ao mesmo tempo surpreso.

A mulher simulando ter entre os dedos um parasita, perguntou novamente: "Que é isso? Uma pulga!".

A pobre cadela ludibriada saltou de seus braços e sem coragem de olhar nos olhos de alguém saiu com o rabinho entre as pernas e se escondeu atrás da cortina da sala. Ela não queria que ninguém a olhasse.

Por mais que a chamassem para que saísse de seu esconderijo, a pequena Titi não mostrava nenhum ânimo para tanto.

Logo em seguida, a mulher, conhecendo a personalidade de sua cadelinha, logo amenizou a situação, constrangedora para Titi, elogiando-a, dizendo que ela era a cadelinha mais limpa e cheirosa do mundo.

Não demorou e a pequena Yorkshire saiu de sua clausura e voltou, perdendo aquele olhar de tristeza, que tinha minutos antes.

Eu conheço um médico muito bom

Certa vez um vizinho meu teve uma crise de hipoglicemia, depois que a insulina teve um efeito exagerado ao diminuir a taxa de glicose em seu sangue muito rapidamente. O homem desmaiou e parecia estar em coma, quando o encontraram no chão de sua sala. Assim que a filha o encontrou inconsciente no chão de casa, ela saiu em busca, desesperada, de ajuda para socorrê-lo. Ela precisava de algumas pessoas fortes para carregar o pai desmaiado e de alguém que pudesse levá-lo ao médico, pois uma ambulância demoraria muito tempo para chegar à sua residência. Recorreu à vizinhança, à procura de alguém que se dispusesse a ajudá-la. Em cada campainha que tocava ouvia uma desculpa qualquer e, por fim, depois de mais de quinze minutos veio à minha casa. Minha esposa e eu a acompanhamos, inclusive ao hospital. Não me vejo como o bom samaritano, pois acho que todos deveriam agir desta maneira. Mas eu percebi o quanto muitos são omissos nos momentos em que outros precisam de nossa ajuda. Ainda bem que nem todos são assim. Há muitos que nem sequer ouviram falar da parábola do bom samaritano, mas não negam ajuda a quem necessita.

Amigo é para estas coisas!

Talvez no futuro isso soe como uma lenda, mas atualmente é uma realidade. Existem muitos animais, principalmente cães e gatos, abandonados e sem um lar para acolhê-los. Esta é a realidade para muitos animais no mundo todo, até mesmo em países ricos como os Estados Unidos.

Os cães, como é sabido, são animais gregários e preferem viver em bandos e formam seus territórios, os quais protegem como se fosse um ser humano defendendo o seu lar contra invasores. Eles respeitam os limites de seus territórios e os membros de um não invadem os limites do vizinho. Normalmente não ocorrem invasões porque os cães, principalmente, marcam os limites de seus territórios com urina. Qualquer cão que se aproximar sentirá o odor dos donos daquele território e, se não os reconhecer, é melhor se afastar, se não quiser ser perseguido.

No entanto, um cão, destes bem distraídos, saiu em busca de seu sustento diário, revirando as latas de lixo da cidade, onde tentava sobreviver. Eventualmente encontrava algo aqui e ali. Outras vezes não era tão fácil e sua caminhada um pouco mais do que se podia esperar. Sem perceber adentrou o território de outro grupo de cães e logo foi perseguido por eles, que queriam expulsá-lo dali. Correu assustado e, sem perceber, entrou na frente de um automóvel, que, sem conseguir se desviar, o atingiu e o lançou longe, com o impacto. O cão caiu desmaiado, parecendo morto. Caído em um canto da calçada, não recebeu nenhum cuidado, nenhum socorro. Ele ficou ali desacordado por vários minutos, antes de acordar e tentar se levantar para voltar o mais rápido possível à segurança de seu território. Ao se levantar, sentiu que mancava. Ele não conseguia se apoiar naquela perna. O impacto provocou uma fratura em uma das patas dianteiras. Isso não o impediu de caminhar e voltar ao seu território. Continuou a caminhar até se aproximar de uma casa, que ele parecia conhecer. Não era a sua, pois ele não tinha um dono nem onde morar, exceto as ruas. Ele, então, se aproximou e foi à porta de trás da casa. Lá começou a chorar, como que para chamar a atenção dos moradores dali. Logo alguém veio atender para saber o que produzia aqueles sons agudos. A pessoa que atendeu à porta logo identificou a fratura em uma das suas pernas e anunciou a alguém dentro de casa, que havia um cão com uma perna fraturada ali.

O homem que estava no interior da residência respondeu: "Traga-o para dentro. Vamos cuidar desta perna".

A pessoa que atendeu à porta disse: "Que sorte deste cão ter vindo a um consultório de ortopedia!".

É claro que sorte nada teve a ver com ida do cão ao consultório. Ele provavelmente observou este consultório antes e percebeu que a função daquela pessoa era tratar de fraturas como aquela que ele tinha.

O médico o acolheu, cuidou de sua fratura e imobilizou a perna fraturada por vários dias, tempo suficiente para criar um vínculo com o novo amigo. Por este tempo o cão foi a mascote da clínica e as pessoas que frequentavam o consultório se habituaram à presença daquele cão engessado andando entre os pacientes. Ele, afinal, era um animal dócil e bastante sociável. Por fim, a fratura se consolidou. O cão estava ótimo e não havia mais perigo de sequelas. Então, se mostrou agitado e ansioso por retornar às ruas, de onde veio. Na verdade, ansiado pela liberdade que sempre teve. O médico percebeu isso e concordou em devolvê-lo à liberdade. Assim que se viu livre, o cão correu, latiu de alegria e logo desapareceu das vistas de todos que viram partir. O tempo passou e um ano mais tarde o médico ouviu um choramingo, lá nos fundos da casa. Era o mesmo cão. Mas ele estava aparentemente sadio. Não havia qualquer sinal de saúde debilitada ou de alguma nova fratura. Provavelmente, veio para matar saudades. Mas em pouco tempo o cão se afastou do consultório e correu para a calçada próxima parecendo que iria partir novamente. No entanto, o cão parou por um instante e latiu. Parecia que ele estava chamando alguém. Para surpresa de todos, o cão, que havia se curado graças à intervenção da ortopedia, latia para outro cão que surgiu por detrás de um arbusto, andando com certa dificuldade, pois claudicava da perna esquerda. O cão trouxe um amigo. Era outro cão de rua, que acidentado, fraturara a pata.

MÃE É MÃE!

Certa vez estava assistindo ao noticiário da televisão, quando o repórter passou a noticiar um desastre aéreo. O avião acabara de decolar e depois de algumas centenas de metros o aparelho começou a ganhar velocidade, mas não conseguiu atingir uma altura suficiente para decolar definitivamente. Começou a perder altura e acabou caindo logo depois da cabeceira da pista, matando todos os seus ocupantes, além de algumas pessoas que transitavam pelo local no momento do acidente. Posteriormente, se descobriu que o acidente foi provocado por uma falha nos sistemas de decolagem. Em diversos canais, a mesma notícia estava sendo veiculada, aliás o fato preencheu praticamente todos os noticiários daquele dia. Mas, em um canal, a notícia era mais sensacionalista e procurava explorar as reações emocionais das pessoas que tinham parentes e amigos naquele voo. Uma senhora mostrava grande desespero ao ver o monte de ferro retorcido e queimando, onde possivelmente o corpo do filho deveria estar. A câmera de televisão focalizou-a em um momento de grande comoção, quando ela tentava correr entre as pessoas e foi segurada por familiares, que não permitiram que ela se aproximasse do aparelho em chamas. Aquela senhora estava angustiada por não ter certeza se o filho estava ou não naquele avião acidentado e a incerteza a torturava. Em outro dia, o repórter mostrou a mesma senhora, depois de saber que o filho realmente morrera no acidente. Sua aparência era consternadora. Seus cabelos desgrenhados e seus olhos rodeados por bolsas não deixavam dúvidas de que aquela senhora entrara em grave estado de depressão, por causa desta perda familiar.

A perda de um ente querido é sempre algo difícil de aceitar.

Como você reagiria em uma situação semelhante?

July era uma gata da raça siamesa que foi adotada por um casal que não suportou vê-la abandonada nas ruas revirando o lixo em busca de seu sustento. A pequena gata de olhos azuis-claros como o céu em dia ensolarado de verão, com pelos acinzentados pelo corpo, mas de patas pintadas de um marrom-escuro, quase preto, comoveu o casal quando tentava lamber os restos que havia em uma lata vazia de peixe enlatado. Sua língua sangrava nas bordas serrilhadas a cada tentativa de absorver o pouco de carne empapada em óleo, que se mantinha agarrado ao fundo do recipiente, que se cortavam em contato com as bordas serrilhadas. O casal compadeceu-se dela e a levaram para casa. Dócil e amável, a jovem gata estava em idade adolescente. Era uma jovem ainda. Ao chegarem, a pequena July conheceu Tom, um gato siamês que tinha muita das características físicas em comum com ela. Logo estavam se dando muito bem. A impressão que se tinha, ao vê-los brincar juntos, era de que já se conheciam antes. Os meses se passaram e July entrou em seu período fértil, sem que o casal que a adotou percebesse. Tom, obviamente, sabia que sua nova companheira estava disposta a aceitá-lo como futuro pai de seis filhotes, que dois meses depois, miavam pela casa.

Eram seis gatinhos brancos, que, como sabemos, adquirem a cor acinzentada somente depois de dois ou três meses de idade. Os pequenos felinos eram muito agitados e brincalhões, que não desejavam descansar. Parecia que, à medida que cresciam, se tornavam cada vez mais ativos. De fato, os filhotes eram agitados e espertos, mas eram as alegrias de July, que não saía de perto deles nem por um instante. Certa tarde, os gatinhos pareciam indispostos e não queriam se alimentar. A vasilha de comida não tinha sido tocada por nenhum deles. July parecia apreensiva e miava de modo estranho. Era como se estivesse se lamentando.

No dia seguinte, pela manhã, July miava forte como se estivesse tentando chamar a atenção de seus donos e conseguiu. O casal foi verificar o que acontecia e percebeu que havia dois filhotes mortos. July os empurrava com seu focinho e puxava com as unhas, como se estivesse tentando reanimá-los, mas não conseguia. Ela olhava para seus donos com expressão de súplica, pedindo, talvez, que auxiliassem na recuperação dos filhotes. Os outros quatro filhotes pareciam bem, mas, mesmo assim, eles chamaram, em casa, um veterinário, o qual diagnosticou que os gatinhos foram vítimas de uma virose aguda.

Sem poder fazer algo realmente efetivo para evitar que os outros filhotes também morressem, o médico tentou o que estava ao seu alcance, mas, ainda assim, outros três morreram na manhã seguinte.

Somente um dos filhotes sobreviveu. No entanto, ao fim da tarde também o último filhote começou a apresentar os mesmos sintomas, que os demais irmãos já mortos.

July percebeu que o último filhote também não estava bem. Talvez temendo perdê-lo, o envolveu, como se o abraçasse. Parecia que procurava mantê-lo aquecido e que não estava disposta a se separar dele. Era o seu último filhote e a gata parecia mais apreensiva do que antes.

Desta vez, o casal levou o filhote ao veterinário, mas, antes que pudesse fazer algo para salvá-lo, este também morreu.

Ao retornarem sem o filhote, July parecia que não queria aceitar a ideia de ter perdido também este, e miou forte, parecendo perguntar, de modo desesperado sobre o paradeiro de seu filhote. July observou e cheirou as mãos de seus donos como se quisesse saber se não o carregavam consigo e, percebendo que não o levaram, July miou alto, parecendo lançar um longo chamado, na expectativa de ouvir a resposta do filho. July entrou em pânico. A pobre gata sem saber o paradeiro do último filhote entrou em uma espécie de estado emocional alterado. Ela corria por todos os cômodos da casa miando alto, chamando, procurando por ele, que não respondia. Em um momento de desespero de uma mãe, que perdeu seu único filho, July saiu correndo de casa miando alto. Sua dona percebendo que a gata fugira, transtornada, a chamou, porém July nem sequer olhou para trás. O felino emocionalmente abalado continuou a correr pelas ruas e a miar e desapareceu entre os automóveis que passavam no local. Sua dona a procurou por todos os lugares da vizinhança, mas não a encontrou.

Seis dias se passaram e eis que surgiu July de volta à casa. Seu estado físico era preocupante. Magra ao extremo, deixava à mostra os contornos de suas costelas. Sua cabeça descarnada fazia parecer que ela encolhera nos últimos dias. Seu abdome vazio dava a impressão de que ela fosse uma sobrevivente de algum naufrágio. Seu miado era quase inaudível. Seu corpo estava sujo, pois ela não mais se preocupava com seu próprio asseio corporal. A depressão era algo evidente em July.

Naquele dia, o casal nos trouxe July e nos contou a sua história triste. Depois de um tratamento com homeopatia, que a equilibrou emocionalmente, ela se resignou com a perda de seu último filhote e recuperou a vontade de viver.

Me dá um "teco"?

Há em meu bairro uma comunidade religiosa que prima por sua ação benemérita entre as pessoas, que não podem subsistir sem a ajuda de alguém que lhes auxilie. São pessoas extremamente pobres que não recebem auxílio governamental e não conseguem se empregar por não serem qualificadas, pois não possuem qualquer tipo de conhecimento específico para o mercado de trabalho. Esta comunidade se encarrega de fornecer, uma vez por semana, um prato de sopa e alguns filões de pão. No mesmo dia, são dadas aulas de artesanato, para que aprendam a fazer algo que os sustente com seus próprios trabalhos. Alguns mais interessados aprendem a usar o computador nas aulas que são ministradas gratuitamente na instituição. Muitos acabam por conseguir uma profissão e melhoram o seu nível de vida, graças a esse auxílio desinteressado.

A solidariedade, em minha opinião, é uma ferramenta importante para a vida em sociedade. Saber dividir é uma demonstração de elevação moral do indivíduo ou da comunidade.

Você é solidário?

O dr. Adriaan Kortlandt, zoólogo holandês e estudioso dos comportamentos de animais, observava um grupo de chimpanzés, em que havia jovens, adolescentes, adultos e chimpanzés idosos.

É conhecido de todos os estudiosos dos comportamentos de chimpanzés que esta espécie se alimenta frequentemente de vegetais, mas recentemente se soube que também se alimentam de carne. Quando decidem se alimentar com carne de alguma caça, eles se organizam e planejam como se concretizará a ação coletiva que resultará em abastecimento nutritivo à comunidade. Eles se reúnem e, parecendo conversar, determinam como fazer isso em conjunto. Uma vez determinada qual será a função de cada participante, eles saem em busca de suas vítimas, as quais lhes servirão de alimento para os membros da comunidade, desde os mais jovens aos mais velhos, de forma igualitária, sem privilégios. Todos são iguais perante o grupo e nem mesmo o macho dominante, isto é, o líder do grupo tem direito a receber mais carne do que outros.

Quando um deles resolve caçar sozinho, ganha o direito sobre o que caçou e também o direito de decidir se deseja ou não dividir a sua caça. Ao retornar ao seu grupo, levando consigo a carcaça de algum animal abatido, este logo se vê cercado de diversos outros chimpanzés lhe estendendo os braços e as mãos, como se lhe pedissem uma parte do prêmio. Vitus Dröscher relata em seu livro *A vida inteligente dos animais* as observações feitas pela zoóloga Jane Van Lawick-Goodall, sobre diversos chimpanzés que se reuniram ao lado de um deles, que era um caçador solitário à espera da bondade daquele que tinha todo o direito sobre o destino da caça. Semelhantemente ao que ocorre entre as pessoas, todos lhe estenderam as mãos e se acocoraram ao seu lado em gesto de humildade. Somente as fêmeas grávidas possuem o direito de se servir sem pedirem permissão. Um jovem macaco insistia muito em obter o seu naco, mas, por sua impertinência, não somente não ganhou nenhum pedaço de carne, mas ainda levou uma bofetada.

Outro, um macaco mais velho e rabugento, aproveitando a distração do dono da carcaça, grande demais para ser consumida por um único chimpanzé, lhe subtraiu um pedaço e começou a mordiscar. Antes que pudesse dar uma segunda mordida, este recebeu também um sonoro tapa no rosto e teve o produto do roubo restituído ao verdadeiro dono. O interessante foi que esta intervenção não foi feita pelo dono da carcaça, mas por um dos que esperavam por um pedaço também.

Por fim, o dono da refeição distribuiu a quem lhe aprouvesse e nas quantidades que ele desejava.

Parece que entre os animais existem comportamentos de solidariedade e regras morais a serem seguidas também.

Interesses explícitos

O homem parou e olhou demoradamente para a orla como se estivesse procurando algo. Fazendo aba com as mãos ele continuou a observar até que, finalmente, achou quem procurava. Era um grupo de garotas vestidas com trajes mínimos, que possuíam corpos atraentes. Aquele homem que, depois de trabalhar a sua musculatura em academias, fazia questão de tornar-se atraente também às moças... Com quase dois metros de altura, ele se aproximou do grupo feminino, dando a impressão de que chegara ali por acaso. Tentando atrair a atenção delas, começaram a conversar e, de fato, elas se sentiram interessadas por ele. Depois de alguns minutos de conversas amenas, ele as convidou para irem ao seu automóvel para passearem. Ao se aproximarem do veículo do rapaz, algo mudou na expressão delas. As garotas olhavam umas para as outras e sorriam discretamente. O rapaz possuía um automóvel muito velho e enferrujado. Isso não era nenhum atrativo às adolescentes, mas também não queriam parecer desagradáveis e aceitaram conversar, mesmo sem entrar no veículo. Não demorou muito e surgiu um rapaz franzino, sem os mesmos músculos hipertrofiados e sem aparência atraente, que estacionou seu automóvel ao lado daquele outro e sorriu para as moças. Rapidamente, as garotas se aproximaram do recém-chegado, abandonando o outro, que fisicamente era mais dotado. O que teria atraído tanto a atenção das moças, que rapidamente entraram em conversa animada com o rapaz fraco fisicamente?

Simples! Ele estacionou um luxuoso automóvel importado novíssimo, que brilhava ao sol como uma joia polida. O rapaz musculoso sentindo-se desprezado afastou-se dali sem se despedir e voltou para a beira da praia, onde fazia aba com as mãos procurando outro grupo feminino.

Tamanho não é documento!

Paus e pedras lhe eram atirados e quase o acertaram, mas com habilidade ele conseguiu escapar e fugir com o produto do roubo. O dono das galinhas corria atrás do ladrão, mas o surrupiador era muito rápido e conseguiu fugir com a ave, desesperada, que ainda se debatia entre seus dedos. O ladrão correu e conseguiu chegar a uma região onde havia várias árvores e o mato, espesso, podia escondê-lo. O dono da ave, por fim, desistiu da busca e se deu por vencido, pois certamente não conseguiria encontrar o salteador em meio à mata fechada. Desistiu da perseguição e parou, não sem antes dizer alguns impropérios e maldições ao ladrão de galinhas. Resmungando algo e gesticulando, o homem voltou para casa a fim de proteger as outras aves contra outros salteadores.

A respiração do ladrão, que estava na copa de uma árvore, se tornou mais suave quando percebeu que o perseguidor desistira. Sentindo-se mais confiante, o ladrão desceu ao solo e retornou ao seu grupo social em meio à floresta, onde morava, carregando o resultado de sua empreitada.

Ao retornar, os companheiros e familiares cercaram-no com interesse. Afinal, ele trazia o que todos acreditavam ser uma caça importante. Talvez conseguissem parte dela. Muitos deles gritavam alto para chamar a atenção daquele que poderia lhe dar, se quisesse um pedaço do que trouxe a comunidade. Mas as que mais se alvoroçaram com a chegada daquele, que não era Robin Hood, mas um chimpanzé anão, ou bonobo, foram as fêmeas e principalmente as mais jovens e em fase de acasalamento.

Todos esticavam seus longos braços, como pedintes, mas o dono da "caça" não dava a menor importância aos presentes. Seu interesse era sobre uma fêmea jovem, que ele já tentou, antes, a corte, sem sucesso. Ignorando a presença dos demais, o "ladrãozinho", que era magro e relativamente fraco, se comparado com os outros machos mais experientes, se aproximou dela oferecendo o presente, uma espécie de dote de casamento.

A fêmea pegou a ave morta e correu para cima de uma árvore onde devorou toda a caça sem dividir com ninguém.

Em seguida, voltou e se ofereceu em corte ao pequeno macho, que não era nenhum lutador, nem forte e nem sequer aceitara algum desafio para lutas.

O macho alfa, ou o macho dominante, que tem a preferência das fêmeas à corte, sentiu-se deixado para trás e, tentando reaver sua posição preferencial sobre todas as fêmeas, se aproximou da jovem e fez diversas demonstrações de força. O grande macho saltou sobre as árvores e saltava de galho em galho para mostrar como ele era forte, ágil e o verdadeiro candidato à corte.

A fêmea, no entanto, não se interessou pelas demonstrações e voltou ao amado ladrão de galinhas.

O macho alfa, sem mostrar-se agressivo com o rival, se afastou, deixou o casal e aceitou a escolha feita pela fêmea.

No dia seguinte o pequeno, mas esperto ladrão de galinhas, se aproximou, ofegante, dos seus companheiros, depois de outra corrida e outra escapada, com outra ave para presentear outra fêmea. Novamente, outra fêmea lhe retribuiu com contatos físicos íntimos, para desgosto do macho alfa, que ainda estava em segundo plano na preferência das fêmeas jovens.

Fazendo o bem sem ver a quem

Certa vez eu seguia para minha clínica veterinária, em meu automóvel, quando percebi que havia uma ave se debatendo na calçada. Ela batia as asas desesperadamente parecendo ter algum tipo de convulsão. Condoído pela situação, parei meu veículo próximo ao meio-fio e desci com intenção de recolher aquela ave e ajudá-la no que me fosse possível. Ao me aproximar, percebi que alguém a havia amarrado com barbantes ou talvez ela mesma tenha se emaranhado daquele modo com fios de lã. Suas pernas estavam presas e as asas como que amarradas também. Não tive dúvidas. Recolhi a pobre ave e a levei para a minha clínica a fim de cuidar dela. Com cuidado, eu cortei os fios e tratei dos ferimentos que sangravam. Dei alguns antibióticos e em poucos dias a ave estava restabelecida e pronta para voar de volta para casa. Eu ajudei uma ave necessitada e me senti útil. Quando a vi totalmente restabelecida e podendo voar, tive uma boa sensação, que gostaria que fosse mais comum entre as pessoas. Conheço diversas pessoas que atuam em ONGs preocupadas com o bem-estar animal que fazem isso rotineiramente. No entanto, infelizmente também há as que matam e maltratam animais.

Quiçá algum dia todos se preocupem com o bem-estar alheio.

Alguns animais também se preocupam com animais abandonados

O dr. Kortlandt, zoólogo, citado por Vitus Dröscher, no livro *A vida inteligente dos animais*, observa um bando de chimpanzés barulhentos que todos os dias se movimentavam em uma certa área nos limites de um parque na África Central. Interessado em saber qual seria a reação se encontrassem um animal indefeso pelo caminho – uma vez que já se sabia de eventuais caçadas para obtenção e carne, que poderia incluir até mesmo carne de macacos de outras espécies, para a nutrição da comunidade –, o cientista colocou deliberadamente um pintinho amarrado por uma das perninhas em uma árvore, bem no trajeto por onde vinham os chimpanzés. Para os chimpanzés, em tese, um pintinho desprotegido seria um petisco. O bando aproximava-se cada vez mais e o pobre pintinho, sem ter como se desamarrar, permanecia ali, desesperado por se soltar, batendo suas pequenas asas em vão. Eles se aproximaram, barulhentos, e de repente silenciaram ao perceber a presença de tão pequena criatura diante deles em situação tão desagradável. Em sinal de solidariedade, uma das fêmeas se aproximou do pintinho. Cuidadosamente mordiscou o cordão que o prendia e o libertou, levando a pequena ave consigo, no intuito de protegê-la dos perigos da selva, sem lhe fazer mal algum. Em outro experimento feito pelo mesmo cientista, que, pelo jeito, esperava ver alguma cena de sangue, se frustrou mais uma vez ao comprovar que os chimpanzés são mais solidários do que se pensava. Kortlandt repetiu o feito anterior e amarrou um macaco jovem de uma outra espécie em uma árvore, no trajeto dos macacos, à espera de sua reação. O pobre macaco, vítima de uma experiência, desnecessária, na verdade, chorava, como uma criança e mordia as cordas na tentativa de se libertar, mas eram muito fortes para ele. Os chimpanzés ouviram o choro do macaquinho, que estava amarrado e se aproximaram para verificar que choro sentido era aquele e o encontraram preso. Imediatamente, o bando se reuniu ao redor da pequena vítima e ficaram a olhá-lo como se estivessem analisando qual atitude tomar, naquele caso. A mesma fêmea, com muito cuidado, se aproximou do pequeno macaco e começou a morder as cordas na tentativa de libertá-lo. Depois de puxar e morder as cordas demasiadamente resistentes, perceberam a inutilidade de tentar salvar o pequeno do cativeiro. Talvez quisessem levá-lo junto e adotá-lo como membro do bando, pois já foram observados macacos de outras espécies vivendo em meio aos chimpanzés, como adotivos, mas não obtiveram sucesso. Mostrando-se tristes com o insucesso, eles abandonaram o pequeno à própria sorte. Não poderiam fazer mais nada por ele.

Parecem formigas. Mas são formigas.

Naquela ocasião, eu estava em um daqueles prédios altos e antigos de minha cidade e olhei para baixo, vencendo o meu medo de altura. Do topo do prédio, as pessoas pareciam pequenos aglomerados de pontos que se moviam em ondas, como se houvesse um fluxo de energia que as fazia se mover nas mesmas direções. Pareciam formigas que se moviam com uma certa organização, como se vê nas movimentações em formigueiros. Olhando, dali do alto, se podia imaginar que cada um daqueles pontos fosse algo sem vontade própria e que se movia ao sabor de uma organização superior, pois se formavam fluxos contínuos de vaivém ao longo das calçadas e ao atravessarem nos semáforos. A imaginação poderia criar a ilusão de que não eram pessoas, mas apenas pontos virtuais ou talvez insetos. A movimentação era tão uniforme que parecia, mesmo, que eu observava insetos e ficava supondo que relação teria um ponto como outro, pois por um momento eu imaginei olhar para pequenos seres sem personalidades individualizadas e que pouco se importavam uns com os outros. Posso dizer que foi uma sensação bem estranha. No entanto, ao olhar por uma luneta, pude ver cada uma das pessoas. Umas olhavam para o semáforo; outras olhavam para seus pulsos, conferindo as horas; outras estavam paradas olhando para as vitrines coloridas enquanto outras andavam apressadas e distraídas com seus próprios pensamentos.

É claro que não eram insetos. Eram pessoas. Mas se fossem insetos, seria diferente?

A passo de formiga

A vida em um formigueiro parece ser bastante atribulada. São formigas para um lado e para outro, trabalhando sem parar. Umas carregando grandes pedaços de folhas cortadas meticulosamente; outras voltando apressadas para o formigueiro, atrás de novas atribuições. Ao longo do trajeto, os soldados, armados com poderosas pinças, capazes de cortar outras formigas ao meio, vigiavam qualquer sinal de perigo à comunidade. Sempre atentas aguardavam em seus postos de vigilância. Os esbarrões eventuais entre uma e outra formiga não causam qualquer transtorno, ao menos aparentemente, pois, em seguida, cada qual continua a seguir o seu caminho, tranquilamente.

Dentro do formigueiro, há uma organização de fazer inveja aos prefeitos das melhores cidades humanas. Cada uma das formigas tem uma função bem definida. Há os soldados, como já mencionamos, que não permitem a aproximação de elementos estranhos, que são imediatamente expulsos ou mortos.

Olhando aqueles insetos trabalhando duro, sob aquele sol escaldante, imaginei se não gostariam de parar um pouco para descansar, como faríamos nós, na hora da "siesta". Obviamente que, para estes insetos, não há esta convenção de um horário para parar para o almoço, mas, coincidentemente, por volta deste horário, notei que repentinamente todos desapareceram dos arredores do formigueiro. Todos atravessaram o orifício de entrada daquela comunidade organizada.

Pensei que talvez tivessem realmente horário de descanso também. No entanto, a situação era outra. Observei que os soldados formaram uma espécie de linha ao redor do formigueiro. Não se viam mais formigas operárias do lado de fora, mas somente soldados, com suas grandes cabeças e pinças fortíssimas. Pareciam alvoroçadas e eu não entendia o porquê, até eu perceber a presença de uma grande formiga, bem maior que os soldados, perambulando nos arredores. Logo vi outras se aproximarem. Quando menos percebi, havia muitas delas. Tratava-se de um ataque de formigas inimigas, de coloração preta, que contrastavam com a cor vermelha dos soldados, que pretendiam defender o "forte". O número de invasores era maior do que os soldados, mas logo vieram os reforços e a luta pareceu ficar em pé de igualdade. Esta igualdade era apenas numérica, pois os invasores e maiores eram mais fortes. Facilmente dominaram os soldados, que pouco puderam fazer. No entanto, mais formigas se juntaram às vermelhas até suplantarem a força dos invasores. Foi uma batalha feroz. Uma grande formiga preta agarrou uma das vermelhas e simplesmente a partiu ao meio, deixando-a agonizante no meio do campo de batalha. Em outro canto, quatro vermelhas saltaram sobre uma preta e a despedaçaram, deixando espalhadas suas partes anatômicas pelo chão. Outras pretas estavam igualmente lutando contra três ou quatro vermelhas, ao mesmo tempo. A ferocidade da batalha assemelhava-se muito às batalhas medievais, que vemos em filmes. Foram quase trinta minutos de carnificina entre os insetos, até que os invasores se deram por vencidos e se retiraram. Ao final, era possível ver milhares de cabeças decapitadas e corpos mutilados espalhados pelo campo de luta. Havia milhares de mortos e centenas de feridos, que sobreviveram, mas estavam inutilizados, para qualquer trabalho.

Logo os soldados formaram novo cordão ao redor do formigueiro, e percebi que algumas formigas menores andavam entre os corpos mutilados, como se os analisassem ou como se estivessem procurando por sobreviventes. Elas andavam e se aproximavam das que se moviam e paravam por algum tempo antes de irem em direção a outras. Pareciam estar cadastrando as posições dos sobreviventes, pois não demorou muito e vieram outras formigas que iam recolhendo os sobreviventes e os levaram para dentro da segurança do formigueiro, onde acredito que seriam tratadas e alimentadas. As sobreviventes são "aposentadas" e assistidas a viver.

Amor de mãe cura.

O tórax do bebê era diferente por causa de uma compressão ocorrida durante a gestação. Seus pulmões estavam comprimidos de tal modo que, ao nascer, teve dificuldade para respirar. Foi necessário que fosse colocado imediatamente em um balão de oxigênio para que pudesse absorver o ar mais facilmente. Durante uma semana o recém-nascido nem sequer pôde mamar no seio materno, até que seus pulmões adquirissem espaço suficiente para manter o nível adequado de oxigenação. Foi uma semana difícil para ambos, mãe e filho, pois a preocupação com a saúde do filho perturbava a mãe enquanto o filho lutava para se manter vivo. Passado o pior período, a mãe não deixou de se preocupar com o menino. Ela o vigiava dia e noite temendo alguma crise respiratória mais grave. De fato, durante dois anos seguidos, sua saúde foi bastante delicada. Os pais dormiam pouco, revezando-se na vigília noturna, prevenindo algo que pudesse prejudicar ainda mais a saúde do menino. Algumas vezes a mãe acordava, segundos antes do menino como se pudesse prever quando ele acordaria e logo estava ao seu lado cuidando para que nada piorasse sua situação.

Passado esse período, o menino cresceu forte e nunca mais adoeceu. Tornou-se um hábil nadador juvenil.

Mãe é mãe!

Ser mãe não é padecer no paraíso

Os elefantes são gregários e vivem em grandes famílias nômades nas savanas da África. A longa gestação deles é necessária para preparação de um filhote relativamente grande, que apresenta capacidade de andar imediatamente após o nascimento.

O grupo andava lentamente pelas secas e poeirentas planícies da África central, pois naquela família havia elefantes de diversas idades. Alguns mais velhos não conseguiam acompanhar o ritmo dos mais jovens, então diminuíam voluntariamente a velocidade de deslocamento para que todos andem juntos. Um animal mais velho deixado para trás seria uma presa fácil de predadores, caçadores vorazes, que esperam por uma oportunidade como esta.

Não apenas seguiam mais lentamente por causa dos mais velhos, mas também por causa das gestantes que se cansavam mais facilmente e, repetidas vezes, precisavam parar para descansar. O grupo respeitava estas necessidades e não avançaria sem a companhia destas mães.

Uma delas apresentou alguma inquietação. Provavelmente o parto deveria acontecer a qualquer momento, mas mesmo assim continuou a andar ao lado dos demais, que buscavam algum local onde poderiam parar para se alimentar e beber água.

Repentinamente a fêmea pareceu ficar ainda mais agitada. Logo, diversas fêmeas se acercaram dela como se estivessem preocupadas com o nascimento do filhote que estava próximo. Os machos se afastaram e apenas as fêmeas ficaram próximas da que estava entrando em trabalho de parto. Logo, as fêmeas que formaram um círculo ao seu redor, como se a assistissem, prestando uma espécie de apoio moral. Elas se agitavam bastante, mas repentinamente todas pareceram ficar imóveis. Estavam apreensivas. O filhote via a luz do dia pela primeira vez. A mãe o livra dos envoltórios úmidos e se aproxima dele para que logo encontre as mamas para sugar o leite, importante fonte de subprodutos do seu sistema imunológico, conferindo ao recém-nascido uma proteção contra agentes infecciosos. Era necessário que o pequeno se levantasse rapidamente para alcançar a mama e sugar sua garantia de uma boa imunidade. No entanto, algo parecia não estar indo bem. Ele parecia ter dificuldade para se levantar. Tentou várias vezes, mas não conseguia se apoiar sobre as patas dianteiras. Durante a gestação, o filhote manteve as patas flexionadas, provocando um encurtamento dos tendões flexores. Isso impedia que ele ficasse em pé e andasse normalmente. As fêmeas olhavam com ares de preocupação para o pequeno que não conseguia se levantar. A mãe, usando sua tromba flexível, tentou fazê-lo se levantar e percebeu a dificuldade. O filhote se esforçou muito e conseguiu se levantar, mas manteve a extremidade flexionada, apoiando os punhos. Ele somente conseguia andar sobre os punhos. Afinal conseguiu mamar.

As fêmeas se dispersaram e voltaram ao grupo, que procurava se adiantar à procura da preciosa água, escassa naquela época do ano. O grupo, mesmo retardando o passo, se afastava rapidamente da mãe que era acompanhada da filha mais velha. Ambas vigiavam os passos difíceis do pequeno elefante que não conseguia se apoiar nas patas, ferindo os punhos, que já começavam a sangrar. Os olhos de mãe e da irmã não se desviavam do filhote frágil. Apesar de todo o esforço do pequeno, ele não conseguia acompanhá-las e, algumas vezes, chorava pedindo que a mãe não o deixasse para trás. Rapidamente ambas vinham correndo atendê-lo. Em um determinado momento, o filhote caiu e gemeu com dor. Não conseguira mais caminhar. Seu choro era consternador.

A irmã olhava para o grupo de elefantes, que se afastava e olhava para a mãe e para o irmão. No entanto, ao ouvir o choro do irmão, ela não teve dúvidas e voltou, correndo, para auxiliar. A mãe, preocupada, ajudava-o a se levantar. Era preciso levantar para que não fossem atacados por predadores que rondavam à espera de apenas uma chance. A mãe tentava ajudá-lo a se levantar, mas parecia inútil. Os tendões pareciam rígidos demais para que conseguisse estendê-lo. A noite caiu, perigosamente. Rugidos leoninos eram ouvidos ao redor. Não era possível pegar no sono, sob pena de serem atacados se diminuíssem a guarda sobre o filhote. Durante toda a noite, o filhote também não dormiu e tentou diversas vezes se colocar sobre as patas dianteiras, até que o sol surgiu no horizonte, iluminando o dia que prometia ser tão quente quanto o anterior.

Apesar de estar em ritmo muito lento de passos, a manada se afastara bastante. Teriam que andar mais rapidamente para alcançá-la. Mas com um filhote deficiente não seria fácil. Era provável que o filhote acabasse morrendo por causa de alguma infecção decorrente das lesões que sangram nos punhos, caso não conseguisse se levantar e andar normalmente.

Os predadores rondavam à espreita.

A mãe não se cansava de tentar ajudar o filhote, como já fez no dia anterior durante toda a noite, a se levantar, envolvendo seu pequeno corpo com sua grande tromba, procurando posicioná-lo em pé.

O sol estava batendo forte às 8 horas da manhã e talvez tenha sido testemunha do que aconteceu em seguida. O filhote, persistente, com auxílio de sua mãe, conseguiu se colocar em pé, finalmente. Com passos inseguros, mas corretos, o pequeno conseguiu caminhar alguns passos sobre os pés. Depois de alguns minutos, já mais seguro de si, conseguiu andar melhor e puderam sair da proximidade das garras dos predadores, graças à persistência de mãe e filho.

Fazendo um trabalho de formiguinha

Fui visitar meus parentes e, à certa altura, resolvemos tomar um lanche. O interior não é como uma cidade grande onde em cada esquina há um ponto comercial. Teríamos que andar bastante de automóvel até chegar ao local onde se pudesse comprar os ingredientes para o lanche. Depois de quinze minutos, nós chegamos ao estabelecimento, onde havia algumas crianças pedindo esmolas. Ao entrarmos, pedi que fizesse um pacote contendo alguns pães e, ao sairmos, o entreguei às crianças, sob os olhares de reprovação dos meus parentes que não acreditam em solidariedade ou não acreditavam que as crianças tinham fome. Os pequenos pedintes correram, todos, para um canto, do lado de fora do estabelecimento e se serviram do alimento, que aparentavam não ter acesso há algum tempo, haja vista a avidez com que se alimentavam.

Formiga com roupa de malandro

É dando que se recebe!

Comentamos anteriormente que as comunidades das formigas são divididas em níveis hierárquicos e sociais. Há, por exemplo, as formigas soldados e há as operárias. Uma não tenta fazer o que a outra faz. Os soldados são bravos lutadores que defendem, à custa da própria vida, a comunidade contra ataques de invasores, enquanto as operárias trabalham sem parar, construindo, reformando e armazenando alimentos.

Existe uma espécie de besouro que, apesar de ser bem menor que uma formiga, possui aspecto externo um pouco semelhante a uma. As formigas vivem em comunidades complexas, enquanto este besouro vive de forma solitária, em busca de seu próprio sustento. As formigas trabalham muito e buscam o alimento que será distribuído praticamente de forma igualitária a todos os membros da colônia, enquanto estes besouros usam, algumas vezes, de subterfúgios para conseguir o seu. Aproveitando sua aparência que lembra a de uma formiga, este besouro pode ter livre acesso ao formigueiro como se fosse uma das operárias, sem restrições. Facilmente ele entra em contato com elas, em momentos em que estão empenhando seus esforços em algum trabalho importante da colônia, passando-se por uma delas.

As operárias trabalham muito e não podem parar para descansar ou para se alimentar. Por isso, possuem uma espécie de reservatório alimentar embutido em seu aparelho bucal para que possa se alimentar sem ter que parar de trabalhar.

O cientista Vitus Dröscher cita em seu livro *A vida inteligente dos animais* um besouro, igual ao que salientamos anteriormente, que exala um odor que faz com que as formigas o reconheçam como uma das companheiras do formigueiro. Aproveitando-se desse disfarce, os besouros se aproximam das operárias distraídas e aplicam-lhes alguns toques no corpo, que indicam um pedido ou um gesto de mendicância. Apesar de não trabalharem e de viverem clandestinamente dentro da colônia, estes se alimentam bem, à custa da bondade destas trabalhadoras benevolentes e ingênuas. Os besouros surgem como se fossem esfaimados, diante de alguma operária e lhe tocam com as patas dianteiras no rosto e nas antenas. É um pedido sentido de alimento. É como se dissessem: "Tenho fome. Ajude-me!". Imediatamente a operária, que não pode perceber que alguma companheira passa fome, expõe seu reservatório alimentar, para que o mendigo se alimente.

Depois de esgotar os estoques da "companheira", o invasor, disfarçado, se afasta, sem agradecer, é claro, e parte à procura de outra formiga benevolente para que lhe forneça, com igual solicitude, algum alimento novamente. O besouro faz isso todo o dia e, não raramente, todos os dias.

Sabemos que alguns animais são bastante inteligentes, mas há também os espertalhões. Parece que há alguns animais que são mesmo muito parecidos conosco.

Justiça com as próprias patas

A praia estava lotada. Mal era possível encontrar um local onde se pudesse colocar o guarda-sol e a esteira para que aquela família pudesse aproveitar uma bela manhã de sol das férias escolares. Depois de andarem de um lado para outro, finalmente encontraram um lugar apropriado, longe dos rádios de pilha dos que obrigavam a todos a ouvirem aqueles gêneros de músicas desagradáveis. Aquela família se instalou ao lado de uma outra que também tinha filhos pequenos. Logo, as crianças estavam brincando juntas na areia. Uma delas teve uma ideia: soltar pipa. O menino do casal que já estava na areia pegou o artefato feito de papel e hastes finas de madeira, entrelaçado de linhas, e logo estava mostrando, orgulhosamente, ao novo amiguinho as suas habilidades acrobáticas com tal brinquedo. Os dois meninos tinham cada um cerca de 5 anos e estavam se divertindo muito. No entanto, algumas vezes encontramos pessoas que frustram suas crianças e estas acabam por descontar suas frustrações em crianças menores. Um menino de cerca de 8 anos de idade se aproximou dos pequenos e tomou do garoto a pipa. Os pequenos relataram aos pais o que acontecera e logo o pai da vítima se aproximou do pequeno meliante, exigindo a devolução do brinquedo ao legítimo dono. O menino, de péssima índole, correu ao pai dizendo ter sido agredido por um adulto. Rapidamente, o pai do pequeno mau-caráter foi tomar satisfações. O pacífico pai do pequeno de 5 anos não queria discutir e tentou explicar o que houve, sem ser ouvido. O homem que veio proteger o filho de caráter duvidoso deu o pior exemplo ao filho ao esbofetear o homem, que não esboçou reação. Logo, as esposas começaram a discutir e quase entraram também em luta corporal. O brutamontes tomou a pipa do pequeno e entregou ao filho, crendo ter vencido a parada, uma vez que não houve reações contrárias.

    Entretanto, surgiu alguém que não interferiu em nada por não ser uma briga sua, mas que não suportou ver tanta injustiça. O homem tinha mais de dois metros de altura e mostrava enormes músculos hipertrofiados por muitos exercícios na academia. Delicadamente, o homem, que não mostrou agressividade nenhuma vez, pediu que devolvesse o brinquedo ao dono verdadeiro.

O brutamontes que dava o mau exemplo ao filho se viu em desvantagem, pois apesar de maior, fisicamente, que o pai ameaçado, ele era muito menor do que aquele que interviera. Não teve outra opção, a não ser atender ao pedido do estranho. Depois de entregar o brinquedo ao menino, o homem constrangido pela humilhação, que ele mesmo provocou, ralhou com o filho, que o colocou em situação difícil.

O homem de mais de dois metros de altura e musculatura saliente voltou a se sentar tranquilamente ao lado da namorada.

O zorro pode ser um hipopótamo?

A seca estava castigando aquela região da savana africana. As poucas reservas de água eram muito disputadas por várias espécies que buscavam avidamente saciar a sede naquele lago de águas barrentas. O sol escaldante aquecia as frontes tanto de predadores quanto das presas que procuravam se esquivar, enquanto saciavam a sede.

Presas e predadores, em um espaço tão pequeno, certamente exigem das prováveis vítimas de caçadores do reino animal uma maior quantidade de atenção, pois não haveria atitudes de benevolência, por parte do predador, no momento em que algum animal incauto for capturado.

Quem observasse aquele lago poderia notar a grande variedade destes animais ao redor. Em um pequeno espaço havia girafas, crocodilos, leões, hipopótamos, gazelas, aves das mais variadas espécies, animais rasteiros e muitos outros que estavam ali com apenas um objetivo: sobreviver.

Os preguiçosos hipopótamos mostravam seus enormes dentes que sobressaíam dentro daquela boca também gigantesca, enquanto entravam e saíam do lago sem serem molestados pelos crocodilos, que os respeitam por sua força capaz de destruir um réptil destes com apenas uma dentada. As girafas, cautelosas, com grande dificuldade abriam suas longas pernas para poderem sugar a água escura do lago. Enquanto isso mantinham a guarda. Permaneciam atentas à presença dos crocodilos, que eventualmente tentaram se aproximar dos menores e mais jovens, que sempre fugiam espavoridos, ao alarme dos mais altos e experientes do grupo de girafas.

Os antílopes, os últimos a chegarem, não estavam inteirados dos perigos daquele lago e estavam receosos, observando ao redor, estudando, se era seguro se aproximarem do concorrido lago, para conseguirem uma parcela de suas necessidades hídricas. O grupo somente observava o redor, mas a sede estava castigando com mais intensidade os mais jovens e inexperientes, que não esperaram pelos mais velhos para se aproximarem do lago, em busca da tão desejada água.

Os jovens antílopes estavam sedentos e não se importaram com os possíveis perigos escondidos sob o barro daquele acúmulo de águas da última chuva. Espevitados como qualquer criança humana, os jovens se aproximaram da borda do lago aos saltos. O mais jovem e consequentemente o mais inexperiente não percebeu a presença de um crocodilo que espreitava. Os outros, ao notarem aqueles olhos deslizando sobre as águas barrentas, saltaram para longe da borda, enquanto o jovem, distraído, continuava a sugar a água, sem notar que aquele par de esferas se aproximava, perigosamente, dele. Sem se dar conta do perigo a que estava exposto e sem os outros para o avisarem do perigo, provavelmente não poderia escapar ileso do bote mortal do crocodilo, que o estudava.

O corpo enorme do réptil chegou perto, mas mesmo assim não foi notado pelo jovem antílope.

Talvez os mais velhos não tenham percebido o perigo a que estava exposto aquele jovem, mas alguém estava disposto a interferir e impedir que o réptil devorasse as entranhas do pequeno ruminante selvagem. Os olhos, desproporcionalmente pequenos para aquele enorme corpo, não fazem jus à capacidade visual daquele animal de corpo avantajado, pois eles viram a aproximação do crocodilo. O jovem continuava na beira do lago. O atento animal de enorme boca e dentes virou-se e correu em direção ao jovem antílope, a fim de preveni-lo do perigo, porém não foi veloz o suficiente. O crocodilo saltou para fora da água e agarrou o antílope pela cabeça e o derrubou dentro da água. Queria afogá-lo. O antílope debatia-se na tentativa de escapar, mas era inútil, pois a mandíbula do réptil era forte demais e comprimia o seu crânio.

O poder do crocodilo sobre a força débil do antílope prevaleceu. O antílope estava rapidamente sucumbido.

Surpreendendo, não somente ao crocodilo, que considerava que presa já era um fato consumado, mas também aos cientistas que a tudo presenciaram, o enorme hipopótamo entrou na água, esparrando cortinas de águas para todos os lados, e obrigou o réptil a abandonar sua presa sob a pena de ser mordido ou pisoteado. O crocodilo abandonou o seu animal ferido e fugiu. O outro, que veio em auxílio do mais fraco, agarrou a vítima pelo dorso e a arrastou para fora da água, deixando que o jovem ruminante enfraquecido permanecesse deitado a uma distância segura da margem. O antílope parecia estar em choque. Sua respiração era acelerada e ele não tentou se levantar. Aos poucos, a respiração passou a se tornar lenta e insuficiente.

O grande hipopótamo, abrindo sua enorme boca, ofereceu calor e talvez algum oxigênio, dando grandes bafordas no animal semiconsciente, que estava entre a vida e a morte. Mas o pequeno não respondia.

O gigantesco e benemérito animal tentava reanimar o pequeno que continuava a não responder aos estímulos dados pelo novo amigo, desinteressado, que apenas não queria ser testemunha de mais uma morte diante de si. O hipopótamo continuava a empurrar o corpo enfraquecido do antílope, querendo fazer com que se levantasse, mas o pequeno estava desmaiado. Novamente ele abriu sua enorme boca, que era suficientemente grande para abocanhar o pequeno antílope se quisesse, e aplicou-lhe novas baforadas esperançosas. Depois de muitas tentativas de reanimar o antílope, finalmente, observou algum sinal de vida. O pequeno animal levantou a cabeça, como se quisesse olhar pela última vez para o seu herói e novamente a deixou cair pesadamente.

O hipopótamo a cutucou mais uma vez com seu focinho e verificou que não havia mais esperanças. O antílope morrera.

Era visível o pesar do grande animal pela morte daquele a quem tentou salvar. Em seguida, ele se afastou, cabisbaixo, como se entendesse o significado da morte.

Orca.
A baleia-assassina?

O estilo é norte-americano. As músicas são cópias fiéis das norte-americanas. Os maus-tratos aos animais são idênticos aos que são vistos em festas, como estas, nos Estados Unidos. Adivinhe. A festa tem origem norte-americana. As roupas, os trejeitos, os sotaques são cópias. Dizem que as festas de peões de boiadeiro são festas culturais de nosso povo. Grande bobagem! Isso não pode ser veiculado sem uma defesa, pois nosso povo é pacífico por natureza e não deseja maltratar nem mesmo animais, que para muitos são apenas objetos. A farra do boi tem origem na África, mas lembra um pouco as touradas da Espanha.

As rinhas vêm da Europa. No Brasil, não há cultura de terror, própria de nosso povo. Todas são importadas, pois os primeiros brasileiros, os índios, sempre foram amigos íntimos da Natureza.

As festas de rodeios são combatidas em várias localidades, porém, o poder do dinheiro fala muito alto. Por isso, muitas cidades, até mesmo incentivam tais festas, a fim de arrecadarem mais aos cofres públicos.

Há os lutadores solitários, que não conseguem impedir as torturas, mas fazem com que as pessoas vejam os seus protestos e repensem sobre seus conceitos.

Outro dia, vi uma figura em um dos jornais de grande circulação de minha cidade. Nela, havia a imagem de um peão saltando sobre um touro supostamente bravio, em meio a uma plateia, que parecia estar interessada em ver outro espetáculo. Nessa mesma foto de jornal, era possível ver um animal, sem pelos, correndo solitário na arena. Era um rapaz, totalmente sem roupas, fazendo o seu protesto, pacífico. Estranho, mas pacífico. Por um instante, o peão deixou de ser atração para ficar em segundo plano. Essa atitude não educa nem orienta, mas aos menos mostra que alguém está descontente com os rodeios, que maltratam e matam animais que não têm quem os defenda.

Animais protestam contra abusos cometidos a outros animais?

Dizem que os seres humanos são os únicos animais que

se divertem com o sofrimento alheio, mas, surpreendentemente, há outros que também se divertem desse modo. Algumas orcas e golfinhos têm este mau hábito também.

Em uma exploração à região polar, cientistas observaram e filmaram algumas orcas se divertindo ao matarem filhotes de leões marinhos, indefesos.

As mães não tiveram tempo de retirá-los da praia. Eles vieram em bando e fizeram um ataque rápido e furtivo. Os filhotes foram muito ágeis, mas não eram páreo para as mandíbulas afiadas e músculos natatórios fortes daqueles mamíferos aquáticos, com peles manchadas nas cores pretas e brancas. Não havia escapatória aos filhotes que estavam próximos da água, pois não tiveram tempo de fugir ou sequer de perceber a presença repentina dos predadores. As mães pareciam desesperadas e gritavam a todo pulmão, sem respostas, pois aqueles enormes mamíferos marinhos, parentes dos golfinhos e das baleias, nadavam até a praia e os agarravam na areia. Os ataques eram repetidos e simultâneos, não deixando espaço para fugas. Os mamíferos malhados, semelhantes a grandes peixes, são inteligentes e capazes de planejar ataques indefensíveis.

Cada ataque levava consigo muitos filhotes, para desespero das mães que assistiam a tudo, impotentes.

Quem olhasse para o mar veria os enormes animais sacolejando os pequenos leões marinhos e os arremessando para o ar. Não os comiam, pois estavam apenas se divertindo com a comida, que provavelmente não desejavam naquele momento. O objetivo era puramente lúdico. Outro ataque à praia trazia outros tantos leões marinhos para dentro da água para serem arremessados e mastigados, enquanto agonizavam e sangravam.

Alguns animais são bem parecidos conosco!

No entanto, nem todos estavam se divertindo com a destruição e matança. Uma das orcas não parecia se divertir arremessando animais para o alto. Ela parecia estar apática, comparando-a aos demais animais predadores daquele grupo de caçadores marinhos. A baleia estava ali parada com seu dorso à mostra, que brilhava ao reflexo do sol, sobre a superfície do mar agitado pelos movimentos dos outros animais. Ela olhava os animais sendo lançados para cima sem interferir e sem participar. Apenas olhava. De repente, ela desapareceu sob as águas. Provavelmente estava descansada e pretendia voltar para a diversão com os companheiros.

No entanto, o que aconteceu a seguir foi outra surpresa para os cientistas que filmaram tudo e expuseram as cenas em um canal científico, da televisão a cabo.

A orca saltou sobre um dos filhotes de leão marinho que acabava de se estatelar nas águas depois de ter sido lançado para o alto por outra orca que se divertia com ele. A orca o abocanhou e mergulhou no silêncio do mar gelado polar. Provavelmente aquele leão marinho não poderia escapar das mandíbulas daquela que parecia decidida ao agarrar sua provável vítima. A orca mergulhou e se demorou a retornar à superfície, mas, quando retornou, estava próxima da praia. Era possível ver aquele turbilhão de água se avolumando próximo à faixa de areia, como se fosse um submarino emergindo.

O animal de grandes proporções emergiu com o leão marinho entre as arcadas dentárias e se lançou para a areia. A água do mar recuou.

Eu sou, tu és... eles são!

A personalidade é algo particular a cada indivíduo. Não existem duas personalidades idênticas em qualquer lugar do Universo, mas, sim, semelhantes ou que tenham sintonia, isto é, não são idênticas, mas muito parecidas.

A personalidade é o que define nossas atitudes e a nossa maneira de ser, que nos caracteriza. Assim como nós, os animais também têm personalidade e demonstram quem são e sabemos o que esperar de cada um de nossos companheiros animais, de acordo com o que conhecemos de suas personalidades. Alguns dizem que eles não possuem personalidade, mas, sim, temperamentos. Na verdade, não tenho formação na área de psicologia, e sim na área de medicina veterinária. O que podemos dizer é que cada animal tem seu jeito de ser e age de acordo com certos padrões que se repetem e correspondem a padrões de personalidade estudadas em seres humanos. Portanto, cremos que, assim como nós, humanos, os animais também têm personalidade própria. A homeopatia, uma modalidade terapêutica, baseia-se no conhecimento da personalidade do paciente para prescrever o tratamento. Se os animais fossem apenas objetos, sem personalidade, o tratamento não traria tantos resultados positivos como percebemos neles. Este fato é uma prova circunstancial de que os animais possuem personalidades definidas.

O cão e seu "amigo invisível"

Bob corria de um lado para o outro latindo e rosnando, como se estivesse com outro cão a lhe fazer companhia em suas brincadeiras. Nem parecia que ele havia acabado de se recuperar de uma gripe forte e de uma diarreia debilitante. Ele latia e corria ao redor de um ponto para onde ele olhava fixamente, parecendo que havia algum cão, amigo seu, ali sentado. Bob corria, depois parava, latia para o alto como se pudesse ver alguém e rolava pelo chão, como estivesse esperando o carinho de algum amigo invisível.

De repente, o "amigo invisível" parecia se levantar e andar, pois Bob o seguiu com os olhos. O cão, parecendo não querer se separar do amigo, correu em direção ao local para onde seus olhos miravam e foi até próximo à parede da cozinha quando começou a latir olhando para seu reflexo nos azulejos.

Repentinamente o cão pareceu se sentir só, sem seu "amigo invisível", que não estaria mais por perto e, por isso, entristeceu-se. Ele voltou para sua casinha e começou a rodar em torno de si mesmo, ajeitando sua cama para se deitar.

O tempo passou e a noite caiu. A penumbra substituiu a luz do dia, para desespero de Bob, que teme o escuro. Não demorou muito e lá foi o pequeno Cocker, trêmulo de medo, arranhar, insistentemente, a porta da cozinha, pedindo para entrar.

Bob entrou em casa e rapidamente se aboletou no colo de dona Sílvia, que o acariciou a fim de acalmá-lo.

Estando mais calmo, Bob saltou do colo dela, subiu sobre a mesa da sala e fitou o aparelho de telefone, passando a latir enquanto sacudia a cauda alegremente. Não demorou mais do que alguns segundos o telefone tocou. Era seu Carlos, o esposo de Sílvia, avisando que estava chegando.

Se seu cão tem características semelhantes a estas, em sua personalidade, ele tem uma personalidade homeopática chamada de Aconitum.

Medo de facas

Kan é um cão da raça *Shih-Tzu*. Seus grandes olhos destacam-se no rosto arredondado por uma fita que puxam seus pelos, pretos e brancos da cabeça, para trás. Os olhos parecem saltar das órbitas, dando-lhe uns ares de assustado.

Kan foi comprado de um criador conceituado, na cidade, quando tinha menos de um mês de idade. Ele nunca passou por uma experiência difícil ou situação temerária que lhe provocasse algum trauma emocional. Na verdade, Kan sempre foi muito querido e amado por todos os familiares, que não o deixavam sozinho nem mesmo por um minuto. Sempre está nos braços de alguém ou sob os olhares de alguém, pois Kan era tido como uma criança carente, que precisava de todas as atenções.

Calmo e sossegado, raramente era visto brincando ou correndo. Por isso, algum peso extra começou a se acumular em seu corpo. Kan estava ficando mais fofo a cada dia. Seu passatempo favorito era assistir, por horas seguidas, à televisão ou olhar pela janela os automóveis que passavam na rua.

Outro passatempo estranho de Kan era cheirar gaveta na qual são guardados os talheres. Ele sempre choraminga e pede que abram a gaveta, simplesmente para olhar para dentro dela. Olha e cheira, mas parece temer o que vê, pois, ao olhar para dentro da gaveta, Kan começa a tremer olhando os objetos prateados dali.

Quando alguém toca em alguma faca, Kan solta um grito de terror e corre para se esconder, trêmulo. Ao mesmo tempo que as facas o atraem, ele as teme.

Este comportamento é típico da personalidade Alumina.

"Coco" de baleia

Um jato se sobressai no mar sendo lançado através do orifício respiratório de uma baleia Cachalote.

Depois de passar o dia todo se alimentando com toneladas de pequenos seres marinhos, conhecidos como plânctons, ela forma, como qualquer outro animal, cujo sistema digestivo funciona regularmente, o bolo fecal, ou fezes. Como dejeto o bolo fecal é lançado ao mar.

Este material orgânico, desprezado pelo organismo do cetáceo, é abandonado e fica à deriva no mar imenso.

Como dissemos, existem diversas personalidades e diversas sintonias destas personalidades com halo que existe na Natureza. Assim, o que pode ser mais triste para alguém do que se considerar como algo desprezível, como coco de baleia, abandonado no mar, sem que ninguém se importe com ele?

Existem muitas pessoas que têm esta menos-valia em suas personalidade, bem como alguns animais, deprimidos também.

Se o seu cão é deprimido e somente quer ficar em um cantinho, triste, choramingando; se o seu cão teme a presença de estranhos e prefere isolar-se; se ele prefere a solidão a brincar com os outros cães e se esconde; se ele, apesar de jovem, tem aparência de um animal mais velho e triste, então seu cão pode ter a personalidade Ambra Grisea.

Cães com dupla personalidade?

Que cãozinho mais bonitinho! – exclamou a mulher que se aproximou de outra que passeava pela rua com cão sem raça, que lembrava muito, em aspecto, um cão da raça *Pinscher* anão.

O animal parecia muito feliz, estando naquela praça, onde havia muitas pessoas e outros animais domésticos. Sua cauda sacudia freneticamente, enquanto fazia gracinhas para as pessoas que passavam, rolando pelo chão e correndo ao redor deles como se pretendesse chamar a atenção às suas peripécias.

Logo, diversas pessoas se aproximaram e queriam tocá-lo, abraçá-lo e acariciá-lo. No entanto, sua dona advertia: "Cuidado com ele". "Não cheguem muito perto, pois pode ser perigoso". As pessoas não acreditavam que um cão tão meigo quanto aquele oferecesse algum perigo e continuaram a tocá-lo e acariciá-lo, apesar das recomendações da mulher.

Tico continuava a fazer suas graças para deleite das pessoas que sorriam alegres ao vê-lo.

Repentinamente, Tico pareceu sério. Não queria mais fazer graça e se sentou olhando para as pessoas, que estavam ao redor.

Alguém quis tocá-lo e a mulher disse: "Cuidado!". Mas a pessoa não prestou atenção. Tico, parecendo um cão raivoso, saltou e agarrou a mão daquela pessoa e mordeu forte. Em seguida, correu atrás das pessoas que estavam ao redor, mostrando seus dentes caninos ameaçadores, rosnando como se fosse outro cão, diferente daquele que estava há poucos minutos.

Esta é a personalidade típica de Anacardium.

Agindo como uma abelha

Olhando para uma colmeia o que vemos é uma multidão de trabalhadores incansáveis, que não se importam se é dia ou se é noite. O que importa é ter o trabalho, que é o maior motivo de sua vida. A agitação das abelhas na colmeia é uma regra. Raramente se vê alguma abelha inerte em uma comunidade agitada como essa.

Mas nem somente elas são assim. Há aqueles que gostam de trabalhar por trabalhar. Não para agradar alguém. Não para receber elogios por seus esforços. Não para mostrar como ele é um grande trabalhador, mas porque gosta da atividade.

Há os que trabalham porque gostam de trabalhar e não pedem nada em troca.

Seu Oscar estava cavando o jardim para plantar algumas mudas e, quando menos esperava, Zuca, uma fêmea de Fox Terrier, estava ao seu lado escavando o solo, como se quisesse ajudar.

Ao final do dia, ele estava exausto, mas Zuca continuava a fazer buracos.

Depois de algum tempo Zuca, toda suja de terra, começou a choramingar, pedindo mais oportunidade de ajudar. Mas não havia mais onde esburacar.

No dia seguinte, seu Oscar foi colher laranjas no pomar e encheu algumas sacolas com as frutas. De repente, Zuca começou a abocanhar as laranjas que caía e as trazia aos pés dele.

Depois que ele já não mais estava colhendo laranjas, Zuca ainda continuava a trazer laranjas, mesmo as estragadas aos pés do amado dono.

Se o seu cão é assim um grande trabalhador, então ele é um cão de personalidade idêntica ao do medicamento homeopático Apis Mellifica.

Prata da casa

Quando eu era criança havia um desenho animado sobre uma raposa que era pessimista. Mesmo quando tudo estava dando certo e tudo parecia acabar bem, a raposa dizia, que algo de ruim aconteceria. O pessimismo acabava dando à raposa a tônica de insegurança, assim como acontece com quem possui a personalidade de Argentum Nitricum, que crê que tudo dará errado.

Por ser extremamente inseguro, age como um filhote eterno, querendo colo e carinho o tempo todo, pois assim estará em companhia de alguém. Caso aconteça algo ruim, haverá alguém para acudi-lo.

Estão sempre apressados, pois quem sabe quando algo de mal poderá acontecer? Melhor comer rápido, enquanto há tempo e fazer xixi rapidamente e correr de volta para cima do sofá, ao lado do dono, antes que o mundo caia.

Chegar perto de uma janela com um animal pessimista é o mesmo que pedir que se jogue, pois ele se debaterá tanto, por medo, que é possível, que escape de suas mãos e caia através dela. Cuidado com seu Argentum Nitricum.

Todo dolorido

A visita não conhecia Tostão, um cão sem raça definida, que dona Elvira cuida com carinho desde que apareceu na porta de sua casa com aquele olhar pidão, que ninguém poderia resistir.

Desde quando veio para casa, já mostrava algo que chamou a atenção de todos. Ele era todo dolorido. Qualquer lugar que fosse tocado era motivo para que gritasse de modo sentido. Não raras vezes claudicava como se estivesse com alguma dor em alguma perna. Vez por outra surgia algum edema cutâneo, como se estive queimado ou que estivesse inflamado por causa de algum trauma.

Algumas vezes Tostão, já com seus 4 anos de idade, agia como um ancião, pois chorava para se levantar como se as costas não respondessem aos seus comandos e se levantava lentamente, gemendo, como se elas doessem.

Tostão foi abandonado nas ruas quando era muito jovem, mas nunca sofreu qualquer traumatismo, enquanto esteve nas ruas, pois não havia marcas nem cicatrizes em seu corpo jovem, mas a impressão que se tinha era de que ele foi atropelado pela vida. Por isso era todo dolorido. Assim é o que age como Arnica Montana.

Que sufoco!

Dona Elke tem três cães, a Mel, o Keké e o Fêo. Todos são muito dóceis e adoram receber carinhos e toques das mãos de seus donos. Mas Keké se transforma na hora de comer. O cão dócil se torna agressivo e protege sua vasilha de comida como se defendesse sua própria vida. Keké acerca-se de sua vasilha e a abraça para que ninguém se aproxime dela enquanto ele come. Alimenta-se tão rapidamente que algumas vezes ele se engasga e vomita ou tosse, expulsando algum conteúdo do estômago. Quando acaba de comer, ele corre para o prato do companheiro e tenta tirar dele o alimento. Keké fica olhando insistentemente como se pedisse parte do que ele tem em sua vasilha e, em qualquer descuido, se apodera do alimento do outro e o come rapidamente como se fosse sua última refeição. Tudo isso mesmo recebendo todo o alimento de que necessita, mesmo nunca tendo lhe faltado o necessário. Assim que acaba de comer, Keké tenta com o outro cão, que acaba cedendo e se afasta para que o amigo possa comer. Em seguida, o cão, que parece viver em ritmo acelerado, corre para a sala e se senta diante da televisão, ao menos por uns segundos, pois qualquer ruído o distrai. Então ele corre atrás de algum som que ouviu ou alguma luz que brilhou na janela. Em seguida, ele volta e se ajeita em outro sofá, para trocar para outra poltrona. Estando na poltrona, Keké corre para sua vasilha para verificar se há algo a mais para comer. Depois volta para a sala e corre para o quarto, onde o dono está deitado, descansando em um dia de domingo, quando é surpreendido pelo cão a lamber o seu rosto. Quando o dono pretendeu retribuir, Keké já não estava mais por perto, pois voltou para o sofá da sala. Assim é a personalidade do agitado Arsenicum Álbum.

Nem tudo que reluz é ouro

Zeca era um cão sem raça que praticamente não saía de casa, nem mesmo para passeios rápidos. Quando saía, o fazia por ser obrigado, pois por ele mesmo, não sairia de casa. Quando Zeca sai de casa, em companhia de seu dono, para fazer suas necessidades, o pequeno cão treme de medo e olha para cima como se temesse que os prédios ou as casas fossem cair sobre ele. Zeca preferia andar pelo meio da rua, em vez de andar pela calçada, parecendo se sentir mais seguro longe das paredes das casas. Ao chegar em casa é uma alegria. Parece que fazia muito tempo que saíra e estava muito saudoso. Mas é uma alegria de curtíssima duração, pois o ar melancólico é uma das características marcantes de nosso cão de personalidade igual à de Aurum metalicum, que se deprime facilmente. Como o nosso cãozinho Aurum metalicum não tolera sair de casa por medo de morrer, é sempre uma luta conseguir levá-lo aos passeios. Se insistir muito quando ele não quer, Zeca se torna agressivo e pode até mesmo morder, para depois se deitar e se isolar de todos em silêncio.

Elvis não morreu

Elvis é um cão dócil e amigo, que está sempre atento aos ruídos menores ao redor da casa. No entanto, foge e se esconde quando ouve barulhos altos como os fogos de artifício. Em época de jogos importantes, quando as pessoas comemoram a vitória do seu time soltando estes fogos, Elvis se torna extremamente aterrorizado e pode se tornar agressivo por isso.

Em dias em que não há grandes ruídos que o assustem, Elvis passa seu tempo brincando com os cães mais novos ou com as crianças, mas sua dona não confia em deixá-lo brincar muito com elas, pois Elvis é muito instável. Ele não permite que o toquem, se ele não quiser. Se o tocarem sem permissão, ele se torna agressivo e morde, de modo a machucar. A cleptomania é uma característica de Elvis, pois frequentemente rouba pequenos objetos, como as chaves do carro e deita-se em cima. Não há quem tire dele o produto de seu roubo, sob pena de ser agredido, violentamente.

Elvis chora às vezes à noite por temer o escuro e a solidão, mas se estiver dormindo e alguém tocá-lo ou se apenas se sentar perto, ele se torna repentinamente agressivo e violento. O medicamento homeopático correspondente ao dele é a Belladona, apesar de Elvis não ter um comportamento nada belo.

Peso mosca

Dona Maria tinha um cão que morreu por causa de uma doença aguda renal. De uma semana para outra, seus rins simplesmente deixaram de funcionar e seus níveis de ureia e creatinina rapidamente alcançaram os limites máximos. O animal entrou em coma e morreu. O cão tinha um comportamento bem característico de Cantharis.

Ele sabia muito bem o que queria e insistia no seu objetivo. Se fosse impedido, tentava morder e latia insistentemente para a pessoa, dando a impressão de que queria importuná-la em uma atitude de insolência. Ele queria porque queria e tinha de ser imediatamente, senão se tornava um verdadeiro "chato", latindo e latindo por horas seguidas, até ser atendido. Toda esta insistência lhe causou um certo estresse e surgiram frequentemente gastrites nervosas, mas principalmente distúrbios urinários. Comumente surgem dificuldades para urinar e formações de cálculos urinários, com muita dor ao urinar. Uma hidronefrose foi a causa de sua morte depois que sua dona recusou a lhe entregar todo o pacote de ração de que ele mais gostava. O nervosismo criou em seus rins uma obstrução fatal.

Esse é fogo!

Totó tinha uma estranha fascinação por fogo, ao contrário do que se esperar de algum animal, que normalmente foge dele por temer se queimar. Totó parecia gostar do brilho, ou talvez do calor da chama. Qualquer chama o atraía como se tornasse hipnotizado por ela. Certa vez, em uma comemoração junina, festa típica em muitas cidades brasileiras, em que se fazem grandes fogueiras, Totó se aproximou tanto que seus pelos se queimaram e sua pele se edemaciou. Talvez se queimasse mais gravemente se não fosse sua dona que enfrentou o calor para afastá-lo do perigo. Surgiram diversas feridas na sua pele, que custaram a se curar. Mas estas feridas, que lembram queimadura coberta por uma secreção amarela purulenta, são comuns em Totó, mesmo quando não havia qualquer contato com o fogo. Eram ferimentos comuns a ele durante sua vida toda.

Seu divertimento era brincar de lutar e, apesar de ter um peso excessivo, isso não limitava seus movimentos. Na última vez que Totó esteve na clínica, ele veio com uma fratura depois que saltou do terraço, em uma atitude impulsiva, depois que viu um cão, que ele não tolerava, passando pela calçada. Esse Totó é fogo! O Totó se comporta como o que se chama em homeopatia de Hepar súlfur.

Língua de cobra

Os vizinhos vinham frequentemente à casa daquela senhora para reclamar dos insistentes latidos de seu cão. Ele latia quase que o dia todo, mesmo quando não havia algum motivo aparente, mesmo assim latia com insistência. Não permitia que alguém passasse muito próximo ao portão, que ele considerava como seu território e latia, para avisar aos transeuntes que se afastassem do seu portão.

Certa vez, sua dona, em um dia muito frio, comprou-lhe uma roupinha para aquecê-lo. Não havia quem o fizesse usar a roupa, pois parecia que se sentia sufocado quando a roupa lhe tocava a pele. No entanto, apesar de não usar e nem de gostar de roupas, uma vez que lhe foi dada roupinha, era propriedade dele e ninguém mais podia chegar perto, nem mesmo para lavá-la sob a pena de ser mordido. Aliás, morder era o seu segundo passatempo favorito. O primeiro era latir. Ele ficava à espreita e, quando a vítima estivesse distraída, lá vinha ele saindo de sua tocaia para morder, de surpresa, como faria uma cobra. Esse é o cão típico de Lachesis.

O senhor sabe com quem está falando?

Quem o visse imaginaria que era um monstro destruidor que arrasaria qualquer um que entrasse naquele quintal. No entanto, uma vez dentro de casa, qualquer um poderia fazer o que quisesse desde que entrasse com seu dono a quem devotava enorme respeito. O seu dono era para ele como um deus. O que dissesse era aceito sem contestação, mas, se sua dona lhe desse alguma ordem, o comportamento não era o mesmo. Ele não a respeitava e poderia mordê-la, se ela não se cuidasse. O outro cão que havia em casa era como um subordinado dele, que era constantemente mordido se não se submetesse aos seus caprichos. Sua expressão de cão mal-humorado persistia até o fim da tarde, quando seu dono voltava do trabalho. Neste horário, sua expressão sisuda se transformava. Era como se ele fosse outro, mas somente para o seu dono. Qualquer um que se aproximasse ele lançava o seu olhar de reprovação, como se dissesse: "Ele é só meu!". Esse é o Lycopodium.

O justiceiro

O senhor André começou a discutir com a esposa, que comprou um vestido novo, quando o orçamento não permitia. A voz de André começou a ficar mais áspera, enquanto a de dona Teresa ficava cada vez mais baixa, aceitando que não deveria ter excedido o orçamento do mês. Mesmo tendo aceitado o erro, o homem continuou a insultá-la. Teço olhou para seu dono e rosnou ameaçador. Como ele insistiu em falar alto, Teço se levantou, olhou em seus olhos e latiu forte se interpondo ao casal, tomando partido da mulher.

Em outra oportunidade, o casal discutia por causa do jantar. A esposa não tinha preparado o jantar porque estava na casa da vizinha, conversando. O marido estava faminto, mas a esposa não havia preparado nada e discutiram por isso. Desta vez era a mulher que falava alto com o marido, que, cansado, nem estava muito animado com a discussão. Ele já tinha concordado em buscar algo em um restaurante qualquer, mas ela continuava a falar alto. Neste momento, o cão se levantou e latiu, como se dissesse: "Fique quieta!". Como a mulher continuou a falar alto, ele se aproximou e rosnou forte e latiu ameaçando mordê-la. Desta vez tomou partido do dono. Este é o nosso Nux-vomica.

Francisco de Assis animal

Ela era uma cadela da raça *Labrador*, muito brincalhona e sensível, que se entristecia quando alguém bronqueava com ela. Se alguém ralhasse com a cadela, ninguém a veria por algum tempo, porque estaria em algum canto, entristecida.

Na sua casa havia também um cão, muito idoso e rabugento, que foi separado por uma pequena cerca no quintal, porque não suportava suas criancices. Era a única maneira de se ver livre de suas impertinências. Mas esta Labradora era muito dócil e não podia ver o amiguinho idoso doente. Ela se entristecia ao vê-lo enfraquecido pela idade. Para compensar a sua tristeza ela dividia tudo com ele em sinal de amizade. Tudo o que ela recebia para comer, retirava uma parte, embora já estivesse bem alimentado, e arremessava através da cerca para o amigo geriátrico. Ficava olhando para ele como se dissesse: "Isso é para você!".

Quando adotaram uma gatinha de apenas um mês de idade, a Labradora se deitou e ofereceu suas tetinhas para o gatinho mamar. Para surpresa de seus donos, ela começou a produzir leite, que foi suficiente para nutrir o filhote por seis meses.

Essa é uma representante de Phosphorus

Como podemos perceber os animais domésticos demonstram ter personalidades individuais bem definidas e claras. Eles são seres com capacidades intelectuais relativamente desenvolvidas, que não deixam dúvidas quanto a serem seres não muito diferentes de nós, animais humanos.

Ciúmes instintivos

Ele saiu cedo de casa para trabalhar, como fazia todos os dias, indo ao escritório para cumprir o seu compromisso diário a fim de trazer para casa o sustento da família. Despedindo-se da esposa, encaminhou-se até o ponto de ônibus. Provavelmente o trabalho consumiria grande parte das horas daquele dia e somente retornará no fim da tarde. No entanto, o patrão dispensou os funcionários daquele setor, pois, por causa de um problema técnico dos equipamentos, não haveria trabalho. Assim o homem voltou para casa fora do horário habitual, sem avisar a esposa.

Ao chegar, encontrou um automóvel estranho em frente à sua casa. Ao entrar, encontrou um casaco masculino sobre a cadeira da sala e podia ouvir vozes na cozinha. Era a esposa que ria alto em companhia de um homem desconhecido dele.

Imediatamente o homem acreditou que a esposa o traía e, antes que ela percebesse a sua presença, foi até o quarto e pegou sua arma. Desceu, furioso, pronto para fazer algo de que poderia se arrepender. O homem colocou a arma na cintura e desceu as escadas, transtornado de ódio e ciúmes. Ao chegar à cozinha encontrou os dois às gargalhadas. Deveriam estar rindo do marido ingênuo, que não percebeu que era traído. Em sua mente ele já antevia as imagens dele atirando na esposa infiel e no desconhecido, para depois se suicidar. Quase cego e surdo de ódio, ainda mantinha alguma consciência, suficiente para ouvir a esposa se referindo ao homem como seu primo distante, que não via há muito tempo. O homem ficou paralisado em decorrência da injustiça que quase cometera por causa de um julgamento criado por seus instintos primitivos.

Pensando antes de agir

Comportamento é o modo de agir e de se portar ou o conjunto de ações de um indivíduo ou de um conjunto. O estudo do comportamento se chama Etologia. A palavra deriva do radical grego "ethus", que significa comportamento, acrescido ao sufixo "logus", que significa estudo. Então, Etologia significa estudo do comportamento. Todas as palavras em português que comecem com este radical estão relacionadas ao comportamento. Assim temos, por exemplo, a palavra "ética" que está relacionada às observações do bom comportamento moral, isto é, a um ramo da Filosofia que se dedica ao estudo dos valores morais da conduta humana. Temos a palavra "etiqueta", que se relaciona a um conjunto de cerimônias e regras adotadas por uma sociedade, que segue determinadas regras. A ciência da Etologia possui vários grupos interessados em estudá-lo. Uns somente estudam o comportamento dos animais, dissociando do comportamento humano. Outros grupos somente estudam o comportamento humano, dissociando do comportamento dos animais e há um outro grupo de estudiosos, que são ligados à área da Psicologia, que estuda o comportamento humano, tentando relacioná-lo ao comportamento dos animais para procurar entender algumas das ações humanas dentro de uma sociedade.

O primeiro deste grupo que estuda os comportamentos dos animais sem relacioná-lo ao comportamento humano não acredita que os animais ajam de modo semelhante aos seres humanos porque os animais são seres sem poder de raciocinar, pensar, elaborar, ponderar, decidir racionalmente, antecipar-se a situações que exijam discernimento. Este primeiro grupo não crê que os animais possam gerar sentimentos semelhantes aos humanos. Não creem que os animais sintam tristeza, amor, que possam agir de modo afetuoso, que tenham sensibilidade para situações em que poderiam se sentir constrangidos; que possam entrar em algum processo de depressão, como acontece com seres humanos. Enfim não acreditam que os animais tenham sentimentos ou paixões semelhantes aos de seres humanos e tais comportamentos, se forem percebidos, se tratariam de instintos, isentos de sentimentos reais. Para estes, o antropomorfismo, que significa semelhança com seres humanos, é apenas encontrado nas histórias fantasiosas ou em observações leigas de pessoas ingênuas.

Um segundo grupo de estudiosos da Etologia não relacionam o comportamento de seres humanos aos comportamentos humanos por motivos semelhantes ao grupo anterior, isto é, os seres humanos formariam um grupo à parte, dentro do reino animal, pois são os únicos, segundo eles, que pensam e reagem de modo racional às situações que exijam ponderações e discernimento, que, também segundo eles, os outros animais não possuem em nenhum grau. Os seres humanos sendo formados por animais racionais não se comportam como os irracionais, que nunca pensam e que agem apenas por instintos.

Um terceiro grupo, formado em sua maioria por psicólogos, tenta relacionar certos comportamentos humanos a comportamentos já observados em animais.

Deste modo, procuram compreender os mecanismos destes comportamentos conhecidos nos animais para explicar certas ações de indivíduos ou grupos humanos.

Que aperto!

O ônibus era moderno e confortável. No entanto, naquele horário não havia como perceber o conforto por causa da superlotação no coletivo. Em um espaço onde caberia um determinado número de pessoas, havia, pelo menos, o triplo deste número. As pessoas se acotovelavam e se empurravam. Logo alguém começou a falar alto e a dizer impropérios à outra pessoa, que a estava comprimindo contra a lateral do coletivo. Em seguida, outro começou a reclamar do falatório alto e também entrou na discussão. Não demorou muito, começaram a se estapear, piorando a situação dos que também se aglomeravam dentro do ônibus. O motorista do coletivo desviou a rota e levou todos para uma delegacia. É bom saber que nós somos seres humanos racionais e somente os animais agem por impulsos instintivos, que lutam por espaço. Se ninguém percebeu, estou sendo irônico.

Humanos animais ou animais humanos?

Na verdade, como dissemos, os seres humanos são animais, isto é, são primatas, mamíferos, que agem não somente de modo premeditado, mas algumas vezes de forma semelhante a dos outros animais, ou seja, instintiva.

Em um estudo com ratos, foram formados dois grupos. Um deles foi colocado em um local delimitado onde havia comida abundante, água à vontade, ventilação suficiente para uma grande população, mas a área era relativamente restrita. Os indivíduos teriam para si muito conforto, mas dispunham de pequenas áreas livres em um local superpopuloso. Inicialmente os ratos se comportavam de modo tranquilo. Não havia relato de algum comportamento agressivo, pois o alimento, água e o conforto eram abundantes. No entanto, depois de algum tempo, observou-se certo comportamento agressivo. Alguns machos começaram a agredir outros machos; alguns matavam outros por motivos mínimos; observou-se que comportamentos promíscuos se tornaram mais comuns. Aparentemente não havia motivo para agressividade, pois havia água e comida abundantes. Apesar do conforto, a agressividade se tornou exagerada na população, que se comparada com o segundo grupo em estudo foi maior. O segundo grupo vivia em condições mais severas de restrições alimentares e de água, mas tinham mais espaço para cada indivíduo. Este segundo grupo parecia, apesar da falta de alimentos e água, ser mais feliz.

Comportamento semelhante é encontrado entre grupos humanos. Basta permanecer por algumas horas dentro de um automóvel em um dia de grande trânsito. Rapidamente, o ser humano adquire o comportamento agressivo, semelhante ao dos ratos, confinados em espaço restrito. Não é raro ouvirmos falar em morte no trânsito por motivos banais. Apesar do conforto de um automóvel, o ser humano se transforma em um ser altamente instintivo, capaz de matar outro por bagatelas.

Em outro experimento, desta vez com seres humanos, foi colocado certa quantidade de pessoas em uma casa onde inicialmente todos deveriam trabalhar em conjunto. No início parecia divertido, mas algumas divergências apareciam quando um indivíduo demonstrava menos interesse que outro nos trabalhos que deveriam ser compartilhados. No entanto, não se manifestavam agressivamente contra o comportamento indesejável do companheiro indolente. Quando o grupo foi dividido em dois, o comportamento de agressividade foi notado. Surgiram comportamentos que indicavam intolerância ao outro grupo. Quando passaram a fazer tarefas competitivas os ânimos se acirraram e passaram a disputar por coisas mínimas, mesmo fora dos momentos de tarefas. Desde que os grupos se distinguiram entre si com uniformes, cada um dos grupos se tornou um do outro. Passaram as agressões rapidamente quando um dos integrantes do grupo oposto estivesse dentro dos limites imaginários do outro grupo. Este era tido como um traidor dos ideais do grupo a que pertencia, pois compartilhou da mesa de jantar do outro grupo rival. Desde então, passaram a se comportar como inimigos durante todo o experimento até o último dia. Ao final das experimentações, os uniformes foram devolvidos e se desfizeram os grupos isolados e os participantes voltaram à condição anterior. Não havia mais território a defender nem mais inimigos a atacar. Voltaram à racionalidade, ao menos até voltarem a outros grupos demarcados como territórios (suas casas, ruas, bairros etc.)

Este comportamento é facilmente observado entre animais no meio selvagem onde demarcam seus territórios e agridem invasores de outros grupos. No entanto, estando fora do território demarcado, estes se comportam de modo solidário até que se formem novos territórios e tudo se inicie novamente.

Como podemos perceber os seres humanos e animais, que são chamados ainda por muitos de irracionais, na verdade não são diferentes entre si, no que se refere a comportamentos, pois, se entre pessoas encontramos algumas que se comportam como Espíritos de elevada categoria, entre os animais descobrimos os que agem como se fossem pessoas muito cordiais. Assim, também encontramos pessoas agindo irracionalmente, como também observamos entre alguns animais selvagens. Em determinadas situações, é difícil dizer quem é racional e quem não é, se é que podemos usar este termo no que se refere a animais e humanos.

Caridade

Um conhecido nosso nos contou que, certo dia, ele saía de um restaurante com uns amigos, quando do lado de fora, naquela noite fria, um homem chamou sua atenção e pediu um auxílio. Os outros amigos se afastaram e o deixaram em conversa com o estranho. Depois de alguns minutos de conversa, os acompanhantes ficaram estupefatos ao verem o amigo sacando do bolso uma certa quantia em dinheiro e retirando sua própria blusa para entregar ao homem. Com um aperto de mãos e um sorriso, ele se afastou e se juntou aos amigos, que protestaram por causa de sua atitude ingênua.

Depois de muitas críticas, ele explicou que o homem veio de Goiás e foi assaltado. Não tendo como retornar à casa, pediu ajuda. Ele explicou que se sentiu bem auxiliando, apesar das críticas que recebeu.

Um mês depois, o nosso conhecido recebeu uma encomenda pelo correio. Era a sua blusa emprestada ao andarilho, juntamente com o reembolso do empréstimo feito e uma foto do pedinte ao lado de sua frota de caminhões em sua fazenda no interior. Algumas vezes fazemos caridade, mas somos criticados por outras pessoas diante desta atitude. No entanto, há quem auxilie sem perguntar nada e sem pedir nada como garantia.

Caridade para com o próximo

Não somente na literatura, mas também na rotina diária, nós temos notícias de animais que agem de modo surpreendente, demonstrando comportamentos que deixariam algumas pessoas se sentindo humilhadas por tanta solidariedade demonstrada por aqueles que não poderiam agir deste modo, segundo alguns cientistas.

Certa vez uma senhora nos contou que observando de sua janela percebeu que um morador de rua ajeitava-se para dormir em uma noite fria de inverno, do outro lado da rua. O senhor vestido de modo a se proteger, ainda que precariamente, do frio, enrolou-se no que podia para se aquecer, enquanto o cão que o acompanhava, se enrodilhou e se deitou escondendo o focinho sob a cauda. Aquela senhora, confrangida pelo sofrimento do animal sob o frio intenso da noite, resolveu levar um cobertor até ele para que se aquecesse. O homem estava relativamente aquecido por seus próprios meios, por isso ela não se importou com ele. Uma vez coberto o cão, que não acordou quando foi coberto, ela voltou para casa e observou de novo pela janela. Para sua surpresa, o cão acordou, e arrastando seu novo cobertor, colocou-o sobre seu companheiro humano e deitou-se ao seu lado. Deve ter sido uma cena muito bonita.

Este comportamento parece algo semelhante ao sentimento de compaixão, encontrado entre humanos. Alguns etologistas dizem que este comportamento é instintivo. Segundo eles, não se pode relacionar o comportamento de um humano com o de animal, pois as origens destes comportamentos são diferentes. Perguntamos: Que instintos seriam estes, que impulsionariam um animal a se desproteger para proteger outro de uma outra espécie, que não a sua própria? Que instinto seria este se os instintos têm por objetivo a sobrevivência do próprio indivíduo e da espécie e não de outro indivíduo de outra espécie?

Segundo alguns destes etologistas, contrários às explicações antropomórficas, o cão estaria dando vantagens ao macho dominante, ou macho alfa, do seu bando ou grupo. Agindo assim, poderia se manter sob a sua proteção e garantiria a sua sobrevivência. Será que é assim mesmo?

Observamos entre os humanos diversos comportamentos semelhantes ao deste animal. Não raramente vemos pessoas agindo de modo a privilegiar terceiros sem exigir nada em troca, de forma altruísta. Será que, então, estaríamos também agindo instintivamente, a fim de nos protegermos, indiretamente? Agindo com altruísmo não estaríamos também agindo por instintos de sobrevivência, pois agradando pessoas com atitudes benevolentes, talvez, sejamos protegidos por elas no futuro? Se a explicação é válida para os animais, cremos ser também para os humanos, neste sentido. No entanto, acreditamos que a verdadeira explicação resida no fato de os sentimentos e inteligências não se restringirem somente à espécie humana. Na verdade, agimos de forma mais elaborada que os animais, mas não somos os únicos a agir de modo despretensioso.

De qualquer maneira, como vimos, não são os animais os únicos a agirem de modo instintivo.

Meu amigo nada como um peixe. Aliás, ele é um peixe.

Um homem dirigia pela via de grande movimentação de automóveis quando percebeu que o veículo que vinha à sua frente perdeu o controle e subiu na calçada, atropelando alguns pedestres. Os danos aos transeuntes e ao motorista foram pequenos, no entanto uma pessoa se feriu gravemente. O homem que nada tinha a ver com o acidente não teve dúvidas quanto a prestar os primeiros socorros. Ferido, mas ainda em condições de andar, o desconhecido colocou a vítima em seu automóvel e seguiram ao hospital. Naquela época não havia estes serviços de socorros por paramédicos, com a eficiência que existe hoje. Chegando ao hospital, a vítima foi levada à unidade de terapia intensiva. Por fim, a pessoa se recuperou e os dois se tornaram grandes amigos.

Filho de peixe...

O homem era um pescador que vivia da captura destes pequenos seres que eram comercializados em estabelecimentos de sua cidade na Austrália.

Em seu pequeno barco, o homem saía em busca de cardumes em que pudesse arremessar sua rede e capturá-los. Essa era a forma com que ele sobrevivia naquele continente onde as águas são infestadas de tubarões brancos, os mais agressivos. Todo pescador sabe que se não há peixes por perto, provavelmente deve haver tubarões na área. É bom tomar cuidado com eles, pois são realmente perigosos. Nunca se deve aproximar de um destes seres marinhos sob o risco de ser devorado rapidamente. No entanto, o pescador que procurava um bom local para pescar, percebeu que havia algo grande boiando na água e estava envolto em um emaranhado de redes de pesca. Ao se aproximar, surpreendeu-se ao notar que havia um tubarão branco preso nas fibras do artefato de pesca. O animal estava exausto e quase morto. Provavelmente não sobreviveria mais que alguns minutos. O homem criou coragem e se aproximou daquele enorme peixe, empunhando uma faca afiada. Normalmente a cena esperada seria ver o homem se aproveitando da fraqueza do animal para matá-lo e depois vender sua carne nos mercados australianos. No entanto, o homem se aproximou com sua pequena faca e cuidadosamente cortou as cordas que se enroscavam no corpo do enorme peixe e o libertou.

Uma vez livre, o peixe, o mais perigoso dos tubarões, se recuperou. Estando livre das cordas que o comprimiam, se viu forte novamente, mas em vez de voltar para o mar em companhia de outros tubarões, o grande peixe permaneceu ao lado do barco do corajoso pescador como se pretendesse agradecer por salvar-lhe a vida.

Por todo lado por onde fosse o barco do pescador, era possível ver o dorso acinzentado do peixe, nadando calmamente como uma mascote mansa.

Não raramente é possível ver o enorme tubarão se revirando nas águas do mar deixando expostas suas partes mais vulneráveis do abdome ao homem, para receber dele um toque carinhoso, um afago do amigo.

O homem de Neandertal nosso de cada dia

Eu estava voltando para casa e já era tarde da noite. Não esperava que a reunião demorasse tanto para acabar, justamente naquele dia em que o meu automóvel não poderia sair de casa por causa de uma restrição da prefeitura, que buscava conter os níveis de poluição do ar. Eram quase onze da noite e, para piorar as coisas, houve um *Black-out*. As luzes da rua estavam apagadas e a escuridão era total. Somente o fraco luar, de lua minguante, iluminava, o caminho por onde eu deveria passar. O silêncio era total e somente era possível ouvir o sopro do vento. Ao descer do ônibus não havia outra opção, exceto enfrentar o caminho no escuro e torcer para que nada desse errado. Mas no íntimo um certo medo de ser assaltado me incomodava. Eu desci do coletivo e caminhei pela rua escura e silenciosa, onde um vizinho fora assaltado poucos dias antes. Enfrentando os meus medos, andei em direção à minha casa, até que ouvi um som, que não consegui identificar. Em minha mente eu imaginei logo que era um ladrão que me atacaria a qualquer momento. Meu coração começou a bater forte. Podia sentir as veias saltarem em minha testa e um tremor me invadiu o corpo, que suava frio. Minha respiração começou a ficar ofegante, como se eu estivesse muito cansado, mas sabia que era consequência do medo. Meu corpo, em poucos instantes, exalava um odor forte de suor e minha camisa ficou ensopada. A adrenalina estava em altos níveis na minha circulação sanguínea. Por fim o ruído cessou. Nunca soube o que era, mas do medo instintivo que senti não me esquecerei mais. Foi horrível!

Cérebro de passarinho, não. Cérebro de réptil!

Nosso intuito não é mostrar que somos semelhantes aos animais, mas que eles são semelhantes a nós em diversos aspectos, pois, se há inteligência e sentimentos, estes são comuns a animais e a humanos. Se há instintos, nós os temos também como eles.

Do ponto de vista da Ciência, ou da teoria da evolução de Darwin, para chegarmos à condição humana, nós, como seres físicos, evoluímos a partir dos símios e estes a partir de outros grupos de animais inferiores e estes de outros inferiores ainda. Por isso, temos partes de nossa anatomia idênticas às de animais inferiores. Parte do nosso cérebro, chamado de cérebro primitivo ou reptiliano, que se assemelha ao de certos répteis, lembra-nos de nossas origens físicas em animais inferiores. O nosso corpo, ao se formar no ventre materno, passa por fases preparatórias em que apresentamos, durante certos momentos do desenvolvimento fetal, guelras, como as de peixe; membranas interdigitais como répteis ou aves aquáticas; membranas oculares como algumas aves, anfíbios e répteis e vivemos em meio aquático.

Ainda temos muito de nossos irmãos animais, não somente na anatomia, mas também na fisiologia ou em comportamentos.

Por possuirmos esta porção primitiva, ainda agimos de modo igualmente primitivo. Não é por acaso que ouvimos casos hediondos de crimes, que nos lembram ações de animais muito primitivos. Não é por acaso que agimos como animais selvagens, pois, quando nos encontramos em situações de perigo, afloram em nós comportamentos defensivos instintivos, primitivos, que independem de nossa vontade. São reações automáticas. Há comportamentos que surgem em nós, igualmente primitivos, mas que podem ser controlados pelo nosso ser espiritual, se tivermos vontade suficiente para isso.

Imagine a si mesmo tocando inadvertidamente uma chapa aquecida. Antes mesmo que seu consciente perceba o perigo, o ser físico, ou corporal, ou nosso corpo já tomou providências para evitar lesões graves. Imediatamente retiramos a mão de sobre a chapa. Posteriormente o nosso consciente ou nosso ser racional fará uma avaliação da situação de perigo a que esteve exposto.

Quando nos encontramos em alguma situação de perigo, logo o nosso corpo reage como se fosse o de algum animal: produzimos grande quantidade de hormônios como, por exemplo, adrenalina. Ao ser liberada na corrente sanguínea, passamos a agir como um animal acuado. Nosso coração se acelera, nossas pupilas se dilatam, as mãos suam em abundância, ficamos pálidos, algumas vezes a bexiga urinaria ou os intestinos se esvaziariam.

Este comportamento, diante de algum perigo, não é racional, pois acontece independente de nossa vontade e repentinamente por ação de nosso próprio corpo que procura se defender ou atacar.

Quando a adrenalina circula em volumes aumentados na corrente sanguínea, os nossos reflexos instintivos são liberados e agimos como animais primitivos e instintivos. O maior objetivo de nosso estágio em corpos primitivos é aprender a controlá-lo para sermos cada vez mais espirituais e menos instintivos.

Quando a adrenalina circula em abundância, o nosso ser primitivo se evidencia para se defender. As pupilas se dilatam para que possamos ver melhor onde está o inimigo, que pretende nos atacar. Com as pupilas dilatadas nós teremos uma visão maior e mais apurada do ambiente. Nossa audição se torna mais sensível, por isso qualquer pequeno ruído nos assusta nestas situações de perigo e nosso coração se acelera. O coração se acelera porque uma maior quantidade de sangue é exigida nas pernas e nos braços, pois este suprimento extra será importante em caso de luta ou fuga. Se um suprimento maior de sangue for enviado às pernas, elas poderão ter mais energia para corrermos em fuga do tal inimigo. O sangue extra, enviado aos braços, será importante no caso de luta, pois estarão supridos o suficiente para enfrentar o inimigo. Nós nos tornamos pálidos porque o sangue que normalmente circula pela pele está sendo usado pelos braços e pelas pernas com outra finalidade. Em caso de ferimento profundo, provocado pelo inimigo, o sangramento será mínimo e a cicatrização fácil. Os tremores são reações do corpo para se manter aquecido e reagir rapidamente se necessário, no momento do perigo. As mãos ficam suadas, apesar da pouca circulação sanguínea, para que se tornem mais ásperas e mais aderentes, para conseguir agarrar mais facilmente e mais eficientemente algum objeto que servirá de instrumento de luta, ou para segurar o inimigo, com quem talvez tenha que lutar ou, ainda, agarrar-se a alguma árvore (lembre-se de que é o nosso homem primitivo que está agindo como se estivesse em meio a uma floresta cheia de perigos) para subir nela e escapar do perigo.

Talvez fiquemos constrangidos se isso acontecer, mas não deveríamos, pois poderia acontecer sem que possamos controlar. Os intestinos e bexigas se esvaziam. Isso acontece, pois uma luta corporal poderia acontecer, segundo crê o nosso humano primitivo, que determina estas reações reflexas em momentos de perigo, para se tornar mais leve e ágil.

Viciado em adrenalina

O penhasco era muito alto e o vento soprava forte fazendo zumbir nos ouvidos. A única coisa que garantiria sua segurança era apenas um equipamento, que carregava em suas costas e seria acionado no momento certo.

O homem, que carregava alguém preso ao seu corpo, um novato, correu o mais rápido que podia, com aquele peso nas costas e no abdome, em direção a uma queda de cento e cinquenta metros até o chão e saltou sem demonstrar qualquer temor.

A câmera filmou a queda rápida. Eu imaginei que não daria tempo de acionar o equipamento, se salvarem e se esborrachariam no chão. No entanto, calmamente o homem acionou o paraquedas e deslizou suavemente até o ponto onde deveria descer. Depois de pousar sem nenhum problema, o repórter perguntou qual era a sensação. O homem experiente respondeu sem pensar que era uma sensação incrível quando a adrenalina nos corre pelas veias. O passageiro estava quase mudo, ainda se recuperando dos efeitos do susto, da adrenalina e do cortisol, em excesso nas veias.

Quanto estresse!

Como sentimos estas reações instintivas, típicas durante situações de estresse e perigo! Mas, assim que percebemos que o perigo acabou ou não existe mais a condição, se normalizam e o nosso ser espiritual volta ao comando. Entretanto, há situações de estresse constantes, nas quais o inimigo é imaginário, pois não há um perigo real à integridade física, senão moral.

Quando o chefe, mal-humorado, nos afronta, logo a adrenalina se derrama em nossa circulação, como aconteceria se estivéssemos diante de um predador que nos ameaçasse a integridade física. O chefe estará ali ao seu lado todos os dias, reclamando e bronqueando por bagatelas, provocando uma produção abundante e constante de adrenalina e de um segundo hormônio: o cortisol ou, como também é conhecido popularmente, o hormônio do estresse.

Assim, o organismo encontra e reconhece um estímulo estressante, isto é, um estímulo à produção deste hormônio. Em seguida, o organismo reage com a produção excessiva de adrenalina e cortisol que, caindo na corrente sanguínea, produzem suas manifestações em nosso organismo.

O cortisol é conhecido por seu efeito debilitante do organismo. A presença constante e excessiva deste causa diminuição da eficiência dos glóbulos brancos na defesa do organismo contra ataques de micro-organismos patogênicos, por exemplo, ou produzem mudança de comportamentos, em que nos tornamos irritadiços; nos tornamos mais susceptíveis à dor e à irritabilidade ao contato com pessoas; temos minorado a irrigação cerebral e de órgãos vitais; o estômago produz excessos de ácidos clorídricos, que acabam por irritar a mucosa, predispondo a uma gastrite e a uma úlcera gástrica; o coração tende a se tornar arrítmico; ocorre reabsorção óssea e, se o estímulo for constante, ocorrerá facilidade de fraturas ósseas; e outros distúrbios que redundarão em surgimento de patologias diversas e falência orgânica.

Como podemos perceber, alguns comportamentos nossos acontecem porque ainda pertencemos ao reino animal. Não nos diferenciamos, fisicamente, dos demais animais que conhecemos, pois, ao menor sinal de perigo à integridade de nosso corpo, passamos a agir como algum animal selvagem qualquer.

Quando nos perguntamos: Por que os animais agem assim? Basta pensar: Nós agimos do mesmo modo.

Como dissemos, nós não estamos querendo rebaixar a nossa condição humana a níveis inferiores, mas mostrar que os animais não são tão diferentes de nós e deveríamos considerá-los mais acima nestas categorias.

O cão estava se comportando de modo estranho e não parecia mais ser aquele mesmo animal dócil de sempre. Ele parecia diferente. Talvez algum distúrbio emocional. Será necessário levá-lo ao psicólogo. Ao psicólogo!? Como um psicólogo poderá saber o que há na mente do animal? Simples: Basta perguntar a ele.

Penelope Smith é uma psicóloga americana que diz poder se comunicar com os animais via telepatia. Ela simplesmente pergunta ao animal e ele responde. Assim se desenvolvem longas conversas sobre o cotidiano dos pacientes e sobre suas relações com seus donos. Durante as sessões de tratamento psicológicos, Penelope descobre as causas, que geralmente envolvem alguma relação conturbada entre animal e dono. Segundo a especialista, qualquer pessoa pode se comunicar com os animais e obter dele respostas inteligentes, por meio da telepatia.

Pode parecer estranho que alguém converse com animais, mas a Ciência vem provando que isso é uma realidade.

Se a Ciência diz, então eu acredito...

Ernesto Bozzano, cientista e filósofo italiano que viveu

em meados do século XX, publicou suas pesquisas a respeito da capacidade mental dos animais e nos conta sobre um cão, que estando preso por detrás de uma parede e no interior de uma chaminé, somente poderia conseguir ajuda pela telepatia e obteve sucesso, pois seu dono captou sua mensagem e, derrubando a parede, pôde salvá-lo. O mesmo autor narra a respeito de um cão que, estando enroscado em um fio de telefone, estava a ponto de morrer, sufocado, pois estava se enforcando. O cão conseguiu acessar seus donos por pensamentos e conseguiu safar-se também. O cavalo Max é um exemplo de recepção de mensagem telepática de uma pessoa para um animal. Este cavalo, estando a grande distância de casa, não teria como saber que sua dona estava sendo atacada por um touro bravio. No entanto, conseguiu captar os pensamentos dela e correu quilômetros em direção a ela para salvá-la dos ataques do outro animal descontrolado.

Rupert Sheldrake, usando métodos modernos, provou que os animais são dotados desta capacidade como foi demonstrado em seu livro *Os cães sabem quando seus donos estão chegando.*

Deixando uma câmera filmadora dia e noite mirando um cão e outra mirando seu dono, o cientista pôde captar cada movimento do animal enquanto seu dono estava distante de casa. Mesmo que em horários variados, conseguia saber que estava pensando em retornar a casa; mesmo dirigindo veículos diferentes, o cão sabia que era seu dono que chegava, mesmo estando a grande distância.

Em outras oportunidades, observou gatos que sabiam quando seus donos estavam para telefonar para casa e se colocavam ao lado do aparelho à espera do chamado que não se demorava a ocorrer. Mesmo quando seus donos estavam viajando e retornavam sem aviso, já se colocavam próximos à porta à espera de seu retorno que não tardaria mesmo quando mais ninguém em casa sabia que o viajante estava chegando.

Rupert Sheldrake, que também é biólogo e bioquímico, cita como prováveis intermediários das conexões mentais entre pensamentos certos tipos de campos eletromagnéticos que ele chama de "Campos Mórficos". Eles seriam campos eletromagnéticos que se ligam aos psiquismos dos outros animais. Exemplo destes campos mórficos podem ser vistos entre os peixes que nadam de modo extremamente sincronizado guiados por tais campos energéticos relacionados a eles. Quando um cão se encontra perdido, imediatamente procura se conectar a algum campo mórfico conhecido para encontrar o caminho para casa.

De acordo com uma entrevista feita com o cientista Rupert Sheldrake pela jornalista Adriana Resende, da Agência Folha, e de acordo com o *Jornal do Commercio*, de Recife, em 5/2/1999, os animais possuem alguns "poderes" paranormais:

A repórter Adriana Resende pergunta: "Que outros poderes os animais teriam?". Rupert Sheldrake responde: "Senso de direção e premonições. O senso de direção depende de laços que unem o animal à casa. É outro tipo de campo mórfico. O animal está ligado à sua casa por esse campo. Por isso, ele é capaz de achar o caminho de casa".

Com uma bola de cristal

Quando eu era criança estive em um parque temático famoso na época e acompanhei um amigo até uma "cartomante", que fazia plantão dentro do local. Por uma quantia em dinheiro, a mulher poderia ler, em uma bola de cristal, o seu futuro. Curiosos, fomos à mulher, na esperança de saber algo de importante sobre o que o tempo nos reservaria. Adentramos a tenda da mulher que usava roupas típicas de ciganos e logo ela nos perguntou se gostaríamos de conhecer o futuro. Claro que se estávamos lá, este era o nosso objetivo. Mas ela deveria saber, como vidente, das nossas intenções. Pediu que sentássemos e, recebendo antecipadamente o valor pedido pela consulta, a mulher começou a fazer perguntas. Achei que nós devêssemos fazer as perguntas, mas respondemos. Logo ela perguntou se havia alguma parenta chamada Maria. O que não faltava naquela época eram Marias. Ela logo disse que esta ficaria doente. Mas quem não fica doente? Depois disse que eu me machucaria jogando bola. Nada mais óbvio, pois eu era uma criança como outra qualquer, que gostava de jogar bola com os amigos e machucados eram constantes. Só faltou ela dizer que à noite ocorreriam trevas e pela manhã o sol nasceria novamente. Frustrados nós saímos dali nos sentindo lesados em uma quantia monetária, que faltaria para o sorvete que seria de maior proveito.

Animais não têm bola de cristal, mas acertam.

Como podemos ler nas respostas dadas à jornalista, Sheldrake afirma que os animais possuem capacidades premonitórias.

No Sri Lanka, em dezembro de 2004, os animais se retiraram vários dias antes da ocorrência do maior *tsunami*, da história conhecida da Humanidade, que matou milhares de pessoas. Praticamente não houve mortes de animais naquele desastre natural, como se eles soubessem antecipadamente que o fenômeno ocorreria, por isso se retiraram para regiões mais elevadas e seguras.

Pelo GPS, descobriu-se que elefantes monitorados subiram as montanhas 7 horas antes. Alguns deles presos, ficaram ansiosos e arrebentavam as correntes, que os continham e fugiram. Os que trabalhavam se recusaram a continuar e se desviavam do caminho.

O cientista Jim Berkland, observando o comportamento dos cães, conseguia prever a ocorrência de terremotos. A sua técnica consistia na leitura de jornais, nos quais procurava pela coluna de animais domésticos desaparecidos. Enquanto se mantivesse ao redor de 3%, não havia preocupações, mas, caso se elevasse acima de 57%, significava terremoto. Na cidade de Lisboa, no ano de 1792, os ratos e as aves abandonaram a cidade horas antes de um terremoto. As minhocas 8 dias antes.

Em 1975, na cidade de Yancheng, na China, foram observadas diversas espécies de cobras e minhocas que fugiam da cidade. Percebendo este comportamento anormal, as pessoas evacuaram a cidade e todas se salvaram do terremoto, que se seguiu.

Um cão que permaneceu em um hotel para animais começou a uivar repentinamente e permaneceu assim por horas. Ao retornarem de viagem para pegar o cão, seus donos ficaram sabendo do estranho comportamento do animal. Perceberam que ele começou a uivar quando o veículo da família ficou preso em uma enchente perigosa. O cão pressentiu o perigo e a possibilidade da morte dos seus donos.

A gata Mary que pertencia à senhora Woodhouse vivia em Londres durante a época da Primeira Guerra Mundial. Certo dia, a gata entrou apressada no quarto trazendo um filhote na boca, depositando-os no colo da dona. Logo ela se ausentou e retornou rapidamente trazendo outro e depois outro, até que recolheu todos eles. Em seguida, foi até a porta e pediu que a seguisse, miando forte. A senhora Woodhouse, levando os filhotes, a seguiu e conseguiu chegar ao abrigo antiaéreo, mesmo sem ouvir qualquer aviso sonoro dos serviços de defesa. Ambas entraram no abrigo. A senhora travou a porta exatamente no momento em que uma bomba alemã destruiu a casa.

O cavalo pierre era cego, mas, mesmo assim, trabalhava nas minas de carvão, na Inglaterra, e repentinamente se tornou ansioso. Arrebentando todas as amarras, correu para fora antes de um soterramento. Os mineiros que o seguiram se salvaram.

Somos muito parecidos, mas nem tanto!

Alguém perguntou ao cientista se era verdade que os golfinhos eram mais inteligentes que os seres humanos. Ele confirmou dizendo que os golfinhos possuem 300 milhões de neurônios, enquanto os seres humanos possuem apenas 100 milhões. Portanto, os seres humanos possuem um terço do número de células contidas no cérebro de um golfinho. O cientista esclareceu, ainda, que os golfinhos possuem a capacidade de processar as informações que recebem em seu cérebro dezesseis vezes mais rapidamente, que os seres humanos.

Quando perguntado por que os golfinhos não dominaram o mundo, mas, sim, os seres humanos, sendo aqueles mais inteligentes que os humanos, a resposta que obtiveram do cientista foi no mínimo perturbadora: "Os golfinhos não dominaram o mundo porque são mais inteligentes que os seres humanos!".

Cérebros e DNA

Segundo o que encontramos em um artigo científico publicado pelo jornal *Folha de S.Paulo*, de 11 de março de 2007, alguns animais possuem cérebros de mesmo tamanho, mas possuem habilidades e capacidades de aprendizados diferentes. Mas à medida que se observam cérebros de animais formando giros e sulcos, o número de células aumenta, proporcionalmente, pois as dobras servem para economizar espaço, se tornando mais denso.

O córtex pré-frontal humano, no qual acontecem os pensamentos não é maior, proporcionalmente, do que o de qualquer outro primata. O nosso cérebro possui cerca de 100 milhões de neurônios, considerado, entre os animais, o cérebro mais concentrado de neurônios, na opinião de alguns cientistas. Por isso temos as habilidades cognitivas e intelectuais, que conhecemos. Talvez tenhamos as maiores concentrações de neurônios. Isso significa que temos algumas habilidades próprias de nossa raça, mas não significa que os demais animais sejam ininteligentes. Cada qual com as habilidades próprias de sua espécie ou raça. Há um cientista, Carl Lilly, que diz que os golfinhos possuem 300 milhões de neurônios no cérebro, portanto três vezes mais neurônios que humanos. Estes cetáceos possuem ainda sonares em seus cérebros.

Temos habilidade para nadar 100 metros em menos de um minuto, mas não conseguiríamos fazer o que os golfinhos fazem dentro da água. Nosso cérebro nos facilita a comunicação e o entendimento entre nós mesmos, mas os outros animais também possuem habilidades cognitivas, sociais e comunicativas, próprias de suas espécies. Não poderíamos usar os testes de QI para avaliar um animal, pois nossas habilidades são distintas das deles.

Na verdade, os animais e os seres humanos não são tão diferentes como poderíamos supor, e a Ciência vem derrubando os dogmas de nossa ignorância que diz que somos deuses para os animais e que eles são nossos objetos de consumo.

A Ciência vem mostrando que "somos muito mais parecidos com os animais do que gostaríamos de admitir".

Recentemente, vários cientistas decodificaram o DNA humano a partir do projeto genoma humano e descobriram a sequência de moléculas que formam o nosso código genético. Usando os mesmos métodos, foi feita a decodificação dos DNA de outras espécies e descobriu-se que os chimpanzés e gorilas possuem DNA muito semelhante ao nosso. Apenas 0,5% nos diferencia daqueles outros primatas, que há pouco eram considerados apenas animais irracionais. Na realidade, apenas 0,5% de diferença em nossos DNA não são suficientes para classificá-los como animais desprovidos de inteligência ou de sentimentos semelhantes aos nossos. Essa diferença de apenas uma fração íntima desta molécula não poderia servir de parâmetro para classificá-los como irracionais.

Mas não apenas estes grandes símios possuem semelhanças genéticas conosco. Até mesmo ouriços-do-mar são semelhantes a nós geneticamente. Será mesmo que as diferenças morfológicas determinam a nossa superioridade em relação aos outros animais?

Em seguida apresentamos algumas divulgações científicas a respeito deste assunto:

(*Folha de S.Paulo* – 31/3/2004 – 17h53 – Revista científica britânica *Nature*): 90% dos genes do rato têm um equipamento no homem, mas mais de 10% do genoma humano diferencia os indivíduos, diz estudo (Efe, em Madri).

Mais de 10% do genoma de uma pessoa é diferente em relação a outra, segundo um estudo científico que possibilitaria a compreensão da predisposição a determinadas doenças e da forma de resposta a tratamentos médicos.

Roedores controlam seus genes, mas os seres humanos, não.

Dos trechos estudados do genoma de galinha, 95% apresentam identidade com o DNA humano.

"Quando se olha para os genes em si, nós e esses grandes macacos africanos com os chimpanzés, somos 99,5% iguais". (*Folha de S.Paulo*).

O peixinho Fugu tem dois terços dessas regiões estudadas ultraconservadas com 77% de congruência (com o genoma humano).

Estranhamente em 10/11/2006 acreditava-se que não havia traços de DNA do homem de Neandertal no genoma humano, mas neste mesmo ano descobriu-se que a Humanidade pode ser 5% Neandertal, como sugere um novo estudo (publicado pela *Folha de S.Paulo,* de novembro de 2006). Portanto, os chimpanzés são mais humanos do que os homens de Neandertal.

DNA de ouriço-do-mar é semelhante ao de humanos (Efe, em Washington, 26/10/2006). O genoma do ouriço-do-mar, em sua genética, é muito parecido com a do ser humano, revelou um estudo divulgado pela revista *Science*.

"Um homem é verdadeiramente ético apenas quando obedece a sua compulsão para ajudar toda a vida que ele é capaz de assistir, e evita ferir toda a coisa que vive." Albert Schweitzer (1875-1965).

ENRIQUEÇA
SEUS CONHECIMENTOS

Todos os Animais Merecem o Céu

A leitura agradável conduz a esclarecimentos inéditos e conforta ao mostrar que nós e nossos queridos animais temos a proteção dos Amigos da Espiritualidade, que nos auxiliam na jornada evolutiva, nesta ou em outra dimensão.

Todos os Animais São Nossos Irmãos

Aborda temas que envolvem a licantropia e o suicídio entre eles, a dor e o sofrimento dos animais de laboratório, além de apresentar a teoria da evolução das espécies pelo ponto de vista espiritual.

Qual a sua dúvida para o tema: A Espiritualidade dos Animais

Todos os animais são nossos amigos? Quais são os mais evoluídos? Os animais reencarnam? Essas e outras dúvidas o leitor encontrará nesta obra, que trata do lado sensível dos animais.

www.mundomaior.com.br

COM OBRAS DO AUTOR
Marcel Benedeti

APOMETRIA
...E Por Que Não?

O autor relata como se processa o trabalho de apometria, os cuidados necessários. No final do livro, coleta vários trechos das obras da codificação, que vêm fortalecer os preceitos desta técnica.

Os Animais conforme o espiritismo

Nesta obra, Marcel Benedeti aborda informações surpreendentes sobre a alma dos animais; a evolução do Homem passando pelo reino animal; a inteligência, a sensibilidade e a mediunidade desses seres especiais.

Errar é Humano...
Perdoar é Canino!

A obra aborda aspectos interessantes a respeito do processo de mudança de espécies, histórias de amizade e fidelidade aos donos.

Contato (11) 4964-4700

Contribuindo com a transformação da sociedade através dos seus cinco meios de difusão da informação.

O processo de mudança está nas mãos dos multiplicadores do bem, a Feal convida você a ser um deles!

Essa é a Fundação Espírita André Luiz:
COMUNICANDO A MENSAGEM DO BEM

ACESSE NOSSO SITE:

www.feal.com.br

feal
Fundação Espírita André Luiz